U0464442

综合能源服务
系统与模式

华电电力科学研究院有限公司　编著

中国电力出版社
CHINA ELECTRIC POWER PRESS

内 容 提 要

　　本书共计七章,内容涵盖了综合能源服务系统的概念及国内外发展现状,综合能源服务系统的构成、耦合机理、优化运行、评价评估方法等,智能化技术的发展和综合能源服务技术结合以及新的商业模式,国内外典型综合能源服务案例等。

　　本书内容深入浅出,覆盖面广,融知识性和专业性为一体,全面地反映了综合能源服务系统的关键技术和发展应用情况。

　　本书可以作为从事电气和能源动力等专业相关工作的工程技术人员、研究人员阅读使用。

图书在版编目（CIP）数据

综合能源服务：系统与模式/华电电力科学研究院有限公司编著. —北京：中国电力出版社，
2020.12（2022.12重印）
　ISBN 978-7-5198-5211-5

　Ⅰ. ①综… 　Ⅱ. ①华… 　Ⅲ. ①能源经济－服务市场－研究－世界 　Ⅳ. ①F416.2

　中国版本图书馆 CIP 数据核字（2020）第 248293 号

出版发行：中国电力出版社
地　　　址：北京市东城区北京站西街 19 号（邮政编码 100005）
网　　　址：http://www.cepp.sgcc.com.cn
责任编辑：赵鸣志
责任校对：黄　蓓　郝军燕
装帧设计：张俊霞
责任印制：吴　迪

印　　　刷：望都天宇星书刊印刷有限公司
版　　　次：2020 年 12 月第一版
印　　　次：2022 年 12 月北京第二次印刷
开　　　本：787 毫米×1092 毫米　16 开本
印　　　张：10.75
字　　　数：231 千字
印　　　数：1501—2500 册
定　　　价：68.00 元

编　委　会

2014 年，习近平总书记提出了能源消费、供给、技术和体制"四个革命"和国际合作的战略思想。在党的十九大报告中，提出了构建"清洁低碳、安全高效"的现代能源服务体系，推进落实能源高质量发展的要求。综合能源服务技术的推广和应用，对于国家能源转型和推进现代能源体系建设具有重要的意义。

随着我国能源转型的提速和电力体制改革的不断深入，能源生产和用户之间的关系变得越来越紧密，能源生产消费方式发生了深刻变革。综合能源服务成为有效缩短能源产业链、提高能效、降低用能和运营成本的新业态，推进了能源供给侧改革，带动和提升了能源相关产业的综合竞争力。综合能源服务是能源互联网和数字技术背景下，通过不同类型能源的互补耦合，达到能源流、信息流的跨界交换，为用户提供高效智能的多种能源供应和相关用能增值服务的新型能源服务方式，是我国能源企业转型发展和高质量发展的必然趋势。

综合能源服务是未来能源领域高质量发展的重要组成要素，主要包括两个方面内容，一是建设形成以电为中心，各种一、二次能源的生产、传输、存储、使用及其信息通信、控制保护装置连接的综合能源供能系统。二是综合能源服务商业模式，包含用能的规划、设计、建设，用户侧能源系统的托管、维护、能源审计、节能减排等能源领域的服务工作。

本书由华电电力科学研究院有限公司组织专业技术人员编写，结合欧、美、日综合能源服务发展现状，系统分析了我国综合能源服务发展现状和综合能源实施过程中遇到的关键核心问题，尤其是对中国华电集团有限公司在分布式能源、多能互补、智慧能源、增量配网等方面进行了系统的总结和提炼。本书内容主要包括综合能源服务的意义及国内外发展现状，综合能源服务系统的构成、耦合机理、优化运行、评价评估方法等，智能化技术的发展和综合能源服务技术的结合以及新的商业模式，国内外典型综合能源服务案例等。

本书在编写过程中得到各方面的协助和支持，多位行业内专家提出了宝贵的意见和建议，综合能源服务厂家和项目单位为资料的收集和准备提供了大大的支持，在此一并表示衷心的感谢。

编　者
2020 年 10 月

Contents
目 录

第一章　综合能源服务的意义及国内外发展现状

第一节　综合能源服务的意义

一、综合能源服务发展的必然性

（一）实现绿色低碳的有效方式

低碳发展是通往现代化的必由之路。2016 年 12 月 29 日，国家发展改革委、国家能源局印发《能源生产和消费革命战略（2016—2030）》（发改基础〔2016〕2795 号），以"创新、协调、绿色、开放、共享"的发展思路，建立健全的能源市场体系，实现绿色低碳、安全高效的能源生产和消费方式根本性转变。从综合能源服务的具体特征可以看出，在新一轮电力体制改革背景下，综合能源市场应运而生。综合、共享、高效、互联和友好的综合能源服务能推动能源革命，实现绿色发展和循环发展，开创生态文明建设新局面。

（二）电力企业落实市场化改革的必然选择

目前，我国已基本形成以特高压电网为骨干网架、各级电网协调发展的坚强国家电网，跨区跨省输电能力突破 2 亿 kW，形成全国联网格局，为电力市场建设奠定了坚强的物质基础。新一轮电力体制改革以来，逐步建立了市场化的电量电价形成机制，市场化交易规模持续扩大。随着电力体制改革的深入推进，以及电力新兴产业快速发展，将逐步形成以用户为中心，以电力交易市场和能源衍生市场为载体，多方交易主体参与，提供多种能源服务的电力产业生态体系。电力企业管理模式与产业模式将会做出相应调整，将创新电力企业发展模式，推动电力企业的战略创新、管理创新，从传统电力企业走向新型综合能源服务企业，实现市场化、专业化、现代化。

（三）互联网与能源产业耦合的重要产物

新能源发电技术、清洁能源发电技术、储能技术及信息技术的发展，使能源互联网在技术上成为必然。包括物联网、大数据和云计算在内的信息技术支撑着能源高效互联及用户侧的友好交互。能源互联网的应用和发展，把横向的多能互补和纵向的源、网、储等结合起来，形成"源—网—荷—储—用"协调发展、集成互补的能源互联网，有力地推动我国能源服务格局的变革，综合能源发展势在必行。

二、构建综合能源系统的重要作用

随着能源转型的提速和电力体制改革的不断深入，能源、电力、用户三者之间的关系变得越来越紧密。开展满足多元化能源生产与消费需求的综合能源服务是其重要内容。当前，我国能源消费结构性问题突出，2018 年煤炭消费在一次能源消费中比例首次低于

60%，但远远高于 2017 年世界平均 27.6%的水平。因此，尽快构建综合能源系统具有深远意义和作用。

促进可再生能源规模化开发，提升传统一次能源效率，实现社会能源可持续发展。首先通过电、气、冷、热等多种不同形式能源的供应系统在生产和消费等环节的协调规划和运行，综合能源系统实现能源的梯级利用，提高能源利用效率。其次，综合能源系统充分利用多种能源的时空耦合特性和互补替代性，实现能源利用可持续性，实现能源互联互济互通，促进可再生能源的开发利用。

提高社会功能系统的安全性和自愈能力，增强人类社会抵御自然灾害能力。随着经济社会的发展，人们对能源供给的可靠性要求越来越高，综合能源系统与电、气、冷及热等多种负荷在物理上直接相连，确保综合能源系统的供能可靠性显得尤为重要，从而，运用各种最新技术确保综合能源系统的稳定运行具有重大意义。在综合能源系统中，终端能源单元与大能源网互为补充，有助于提高系统运行安全性；另外，可有效降低通过加强单一能源系统所面临的高成本、高投入。

提高社会功能系统基础设施的利用率和社会资金利用率，构建节约型社会。如目前的供电、供气、供热、供冷系统负荷需求均存在明显峰谷交错现象，系统均按各自高峰负荷实际，已经造成了设备利用率低下，大大增加了系统维护费用。因此，综合能源系统通过不同能源系统之间的有机协调和密切配合，实现各类能源负载的移峰填谷，提高对应能源供应系统的设备利用水平。

三、综合能源服务的影响

综合能源服务未来的发展将朝着供应能源多元化、服务多元化、用能方式多元化及智能化、规划设计一体化等趋势发展。在当前能源产业革命加快推进、能源领域改革不断深入的背景下，综合能源服务将对传统能源市场和商业模式产生强烈冲击。综合能源服务作为能源转型发展的重要驱动力，使能源供应和消费更紧密，更加高效节能。

（1）推动能源清洁化。综合能源服务的发展促使传统能源积极探索清洁化路径，实现企业转型和超低排放。促使能源结构向绿色低碳转型，特别是向高比例的可再生能源发展成为我国能源革命的核心。实现能源市场逐渐由传统能源清洁化过渡到清洁能源规模化。

（2）促进能源产供销用一体化。综合能源服务将改变传统能源服务体系中，不同品种能源单一、条块化的供应模式，使集中式和分布式能源供给方式并存，一次和二次能源融合，能源供应链更加紧密，能源生产、存储、使用过程优化协调，促进能源产销用一体化发展。

（3）促进能源需求多样化。综合能源服务以用户为中心，在提供能源的同时提供服务，可让能源消费者在消费能源商品的同时，也更加注重经济性、安全性、舒适性、环保性的协调统一，推动能源需求多样化发展。

（4）加快能源智慧化。综合能源服务加速对"云大物移智链"等技术的应用融合，将为能源生产和消费者提供能源生产及供应等问题的系统性、智能化解决方案，将逐步形成数据开放、生态共建、利益共享、互惠共赢的发展态势，加快了能源向"智慧化"

发展。

（5）促进能源梯级利用化。综合能源服务通过不同能源类型之间的耦合互补，增强能源生产、传输、存储、消费等各环节之间的协同优化，提高能源梯级利用水平和供能灵活性，最终提高综合能效，降低用能成本的目标。

（6）助力全社会效益最大化。综合能源服务推动信息技术与清洁能源发电、储能等技术的深度融合和应用，实现能源的清洁低碳化；充分利用分布式可再生能源，平衡能源的单一供给的情况，推动能源新业态的发展，进一步助力全社会实现效益最大化。

第二节 综合能源服务的国内外发展现状

一、国外典型国家或地区综合能源服务发展现状

（一）国外综合服务总体概况

在国外，综合能源服务不是一个全新的概念，在二十世纪初，随着第二次工业革命的逐步完成，已经有一部分欧洲的能源公司初步整合了供电与燃气等能源的供应服务体系，以解决资源分布不均、部分地区资源紧缺和传统能源带来的环境污染等问题。从图1-1可以看出，国外综合能源服务发展历程中先后出现了能源组合供应式服务，新技术、新模式融合式服务，系统集成式服务三种不同的服务模式和业务形态。

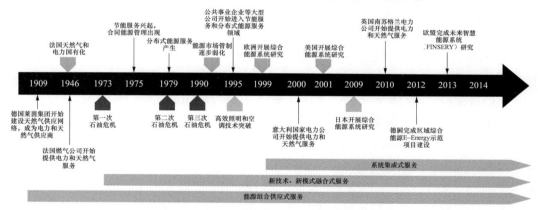

图 1-1 国外综合能源的发展历程

能源组合供应式服务是将不同种类的能源组合并向用户供应。1909年，德国莱茵集团（TÜV Rheinland）基于自身传统的能源产业，积极部署燃气网络规划，成为世界上第一家电力与燃气综合供应的服务商。随后，法国燃气公司（ENGIE）也开始效仿德国莱茵集团的能源发展模式，提供了历史上最早期的综合能源供应服务，至此最早期的综合能源服务初见雏形。

新技术、新模式融合式服务将新技术或新商业模式与能源生产消费相融合，使其更加绿色、高效、便捷。自20世纪70年代起，随着传统能源危机（三次石油危机）后对可再生能源和二次能源的需求，进一步促进了能源技术的发展，美国、日本及欧洲部分发达国家陆续加大研发投入，传统能源公司也开始逐步转型，为用户提供更加完善、更

加优质的综合能源服务模式，比如"能源审计服务"、"能源需求响应服务"等。同时，以分布式能源技术和节能技术、合同能源管理为代表的新技术、新模式融合式服务逐步涌现。

系统集成式服务是基于能源系统的综合集成优化，为用户提供能源整体解决方案。进入 21 世纪后，在信息革命的大背景下，"大数据""云计算""人工智能"和"物联网技术"等研究和技术不断突破与创新，综合能源系统研究在多国兴起，世界各国立足于自身的基本国情与能源分布，制定适合国家发展的能源战略。同时，越来越多的国家与能源公司也在不断加强综合能源服务方面的经验交流与合作，开发更加多元与高效的综合能源技术及服务模式，促进能源的协同优化，构建区域综合能源系统并提供集成式服务成为新趋势。近年来，国外大型能源电力企业加快布局综合能源服务市场，重点开展用户侧设备代维、分布式光伏、需求侧响应等业务，积极布局储能、基于电能的冷热供应、能源区块链、基于数据的能源管理平台服务等业务。

本节主要介绍与探讨了部分在综合能源服务技术与创新领域处于世界领先水平国家或地区的发展研究状况与典型商业模式案例。

1. 美国

美国作为能源消耗的第二大国家，在国家战略、政策制定、能源管理与研发方面为综合能源服务的发展奠定了坚实的基础。

美国侧重以分布式能源和智能电网为核心的综合能源供应系统，于 2001 年提出综合能源系统发展计划，促进分布式能源和热电联供技术的推广应用，提高清洁能源使用比重；2007 年颁布《能源独立和安全法案》，要求社会主要供用能环节必须开展综合能源规划。

在综合能源管理与研发方面，美国能源部（U.S. Department of Energy）是美国联邦政府的下属单位，主要负责为美国联邦政府管理下辖能源行业（电网公司、能源企业、设备制造商等），制定能源行业相关标准与政策，开发与研制能源相关技术等。在美国能源部的管理与协调下，美国各大综合能源服务商不断转型发展，为用户提供更全面多元的服务。

从能源发展与国家战略角度，2001 年，为解决传统能源危机带来的影响，美国能源部提出了综合能源系统发展计划，促进分布式能源和热电联供技术的推广使用，提高清洁能源的市场占有率。随着 2007 年《能源独立和安全法案》的颁布，从法律的角度规定能源供应商在供用能环节必须开展详尽的综合能源规划和综合能源服务方案。2009 年 8 月，在奥巴马总统执政的早期，即提出了拨款 34 亿美元，把建设一个坚强与智能的大电网作为美国经济复苏计划中的重要一项，同时将能源改造纳入国家重点战略中来。

2011 年起，美国传统能源转型初见成效，天然气市场占有率达到 25%，美国能源部与美国各大高校、科研院所等加强科技创新与合作，致力于研究综合能源服务发展新模式，推动建立更可靠、高效、灵活、智能的能源服务体系和商业模式。

2015 年，在美国联邦政府的指导下，美国成立了国家可再生能源实验室（National Renewable Energy Laboratory NREL），并发布了《针对综合能源服务系统的优化仿真模

拟研究》报告，在报告中提出了一种对能源系统网络进行优化的内嵌式系统（SoS），减少传统化石能源使用和能源损耗，以实现能源综合利用效率的优化设计。该系统的应用范围从单一智能楼宇到复杂的区域分布式能源，均可实现综合能源系统的仿真模拟，并将仿真数据结果通过能源经济管理软件（IESM）进行能源效率与经济效益分析与评估。目前，该内嵌式系统已经基于美国北卡罗来纳州的用户侧能源需求的历史数据对能源供给进行系统优化，预计可节省 3%～5% 的能源损耗。

在用户侧数据获取与平台建设方面，美国南方电网公司于 2016 年收购安能公司（PowerSecure），搭建管理 IDG 能源管理平台，该平台可以实现对分布式电源、需求响应等一系列资源的优化利用。

近年来，随着能源利用效率更加高效、智能的服务模式开始研究与发展，美国的综合能源服务模式也灵活多样，基于自身的能源和科技优势，美国也确立了在综合能源服务的相关理论研究和项目发展领域的领先地位。

2. 欧洲

欧洲也是最早提出综合能源系统概念并付诸实施的地区之一，在综合能源服务领域走在世界前列。自 1999 年起，通过欧盟框架项目，欧洲各国在综合能源领域展开了科技创新与合作，开展了多能流协同优化、能源和信息系统耦合集成等方面研究。英国、法国、丹麦等国注重能源系统间能量流的集成，德国、意大利等国更侧重能源系统和通信信息系统之间的集成。

英国政府和能源企业（英国国家电网公司、苏格兰能源电力公司）一直以来致力于建立一个安全、可靠、多元的可持续发展能源体系。2010 年 4 月，英国政府向能源相关企业、能源设备厂商颁布新能源补贴政策（FIT），为风电、太阳能、天然气等清洁能源的发展提供了政策保障。2018 年 7 月，英国工业能源战略部发布了《英国能源简介2018》。该报告指出，英国 2017 年可再生能源占总发电量的 29.3%，且逐年提高。报告也明确了英国综合能源未来发展的研究方向。同时，英国也开始大力开展与扶持区域分布式综合能源系统的研究和应用。

与英国相比，德国的企业更注重于能源系统和通信信息系统间的集成，例如智能发电、智能电网、智能消费和智能储能等各方面，旨在建设以新型信息通信技术为基础的高效能源系统，实现分布式电源和复杂用户终端负荷的智能调控。

1998 年，德国通过颁布《电力市场开放规定》对本国电力市场进行了改革。意昂集团（E.on）、巴登—符腾堡州能源公司（EnBW）、莱茵能源公司（RWE）、大瀑布公司（Vattenfall）四大公司拥有了德国超过 80% 的电力装机容量，并且业务涵盖德国能源的整个产业链。伴随着电力改革的进程，高度垄断的四大能源巨头逐步被拆分，传统能源厂商正在积极谋求转型，新型能源公司也逐步兴起。

之后德国于 2000 年颁布实施了《可再生能源法》，成为世界上第一个在可再生清洁能源领域立法的国家，在全球能源转型领域起到了标杆与旗帜的示范作用。《可再生能源法》中规定了：①投资保护原则。基于各类可再生能源的技术经济条件，建立长期的、固定的上网电价机制和电网优先强制接入、收购和输电法令，来保障可再生能源投资者

利益。②费用均摊原则。由固定电价机制和并网等增加的成本由消费者共同承担。③激励创新原则。对各类可再生能源设定不同的周期，以某一比例对其上网电价进行周期性下调，对产业链利益相关方产生明确、持续的成本压力，以经济杠杆激励技术创新。

在综合能源服务平台方面，德国 Sonnen 公司打造了能源服务平台，能够为家庭用户提供电能买卖直接交易服务，为电网公司提供辅助服务，帮助电网公司解决设备效率不高、电力通道建设滞后等问题，同时支持第三方在该平台上开发手机软件（App），扩大用户群体。意昂集团（E.on）于 2014 年投资多家能源管理公司，开发出需求响应和虚拟电厂管理平台，将用户侧的各类资源优化整合。

3. 日本

日本是一个本土资源稀缺的国家，化石能源严重依赖进口。近年来，日本政府致力于发展太阳能、风能等可再生综合能源，减少进口化石能源。因此，日本也成为亚洲最早发展综合能源服务的国家之一。

（1）从政策角度，1998 年以来，日本政府陆续出台了一系列推动节能增效、新能源发展以及能源产业培育的政策，推动国内综合能源服务的发展。

（2）市场方面，由于日本长期依赖于传统化石能源进口，导致能源价格居高不下，尤其是 2011 年福岛核事故之后能源价格进一步攀升，国内对清洁新能源的需求日益高涨，为综合能源服务发展提供了广阔市场空间。

（3）改革方面，自 1995 年电力、燃气改革开启以来，日本能源市场逐步放开，各类能源企业之间的市场竞争愈发激烈。售电等传统业务利润的降低，促使各大能源厂商重塑战略布局，大力发展综合能源服务业务。

（4）研究方面，日本关注用户侧综合能源系统。2009 年，日本政府公布温室气体减排目标，认为构建覆盖全国的综合能源系统，以此优化能源结构、提升能效、促进可再生能源规模化开发，是实现减排目标的必由之路。目前日本能源研究机构致力于搭建综合能源管理平台，如日本智能社区联盟提出了社区综合能源服务（电力、燃气、热能等），并在此基础上实现与交通、供水、网络信息的一体化集成。截至目前，日本 Fuji 电机在北九州建设了智能社区系统平台，分别为政府提供能源消费和二氧化碳减排信息，为电力消费者提供用能服务，为独立发电厂（IPP）、电力交易机构提供电力调度服务，为电网企业提供能源平衡管理，为第三方提供扩展服务入口。同时，日本的能源公司不断开展基于电能的冷热供应服务研发，相比分散式制冷供热，可节能 10%～20%，并节约人力成本和建筑空间，东京电力、关西电力公司目前已有超过 20 个集中供应的成功案例。关西电力旗下的 Kenes 株式会社利用空气源热泵及水源热泵向大阪市本庄东地区的 6 座写字楼和 1 座超市共 68890m² 区域提供集中供暖制冷服务，是日本关西地区第一个 100% 电力集中制冷及供暖工程。

2018 年，日本内阁会议发布《能源白皮书 2018》，主要回顾了日本的能源发展转型历程，阐述了日本当前面临的能源状况与应对策略，同时分析明确了日本和全球能源未来的发展方向。该白皮书指出，日本从 1868 年起就开始了能源的逐步转型与变革，从木柴时代到煤炭、石油时代，到脱石油、脱碳的清洁能源时代，日本政府对能源产业的重

视与扶持，不断独立自主开发新型能源技术，开展能源国际合作为实现能源结构优化和能效提升提供了强大的支撑与保障。日本政府也将发展可再生能源作为日本未来主力能源，提出了建设覆盖全国的综合能源服务系统，并编入国家战略。

（二）综合能源服务典型商业模式案例

1. 东京电力公司服务案例

东京电力公司成立于 1951 年，是目前日本国内最大的能源企业。基于日本政府颁布的相关能源政策、市场改革等方面，能源行业正在从提供产品向提供服务转变，从单一服务向综合服务转变。东京电力公司于 2012 年开始向综合能源服务商转型。基于日本的能源分布，在综合能源服务领域加大研发资金投入与技术创新，为用户提供多种电力能源产品及新型能源服务，东京电力公司成为国际先进综合能源服务企业的典型代表。在综合能源服务方面，东京电力公司的主要做法如下：

（1）适应转型要求，打造"四位一体"支撑平台。东京电力公司调整经营战略，以满足用户综合服务需求为导向，构建集输配电平台、基础设施平台、能源平台、数据平台于一体的信息系统，全力支撑其综合能源服务业务发展。

（2）细分用户需求，实施差异化、个性化的营销策略。针对工商业用户，着力提供从设计、施工到运营、维护的"一站式"综合能源服务。东京电力公司将工商业用户需求分为节能、减排、高可靠性、减少初期投资成本等四类，针对其不同需求，提供差异化、多元的定制服务；针对居民用户，提供"电气化住宅+个性化价格套餐+增值服务"方案，满足其舒适、环保、安全、经济的用能需求。

（3）顺应商业生态发展趋势，广泛开展产业链上下游战略合作。为了快速补齐综合能源服务业务短板和能源消费侧技术短板，东京电力公司主动打破传统电力行业垄断经营模式，通过跨界合作的方式共同开拓综合能源服务市场。积极联合设计、电子电器、信息技术、汽车、通信、保险等行业的服务商，采用"个性化电费方案+企业联盟营销+用户需求响应+增值服务扩展"的营销策略，推出了用能监控、节能降耗、智慧家庭、电动汽车充电、精准广告投递等套餐服务，全方位满足用户需求。

2. 美国 Hazelwood Green 净零能耗城市综合开发区

2015 年，落基山研究所在美国 Hazelwood Green 净零能耗城市综合开发区方案设计过程中，提出了一套更为创新的综合能源服务商（Integrated Energy Service Provider, IESP）模式。该模式的创新亮点是资源整合，由多个市场主体（包括各类能源公司及多种能源服务提供商）和开发区管理者共同成立了基于该开发区的综合能源服务公司（IESP）。此 IESP 公司不仅为开发区用户提供冷、热、电的全套能源服务，同时提供从投资、建设到运营等各阶段的全面服务，从不同维度更进一步地体现了"综合"这个概念。作为多方共赢的主体，此类 IESP 公司为用户提供了专业的服务，与用户共同承担了净零能耗开发的风险与利益，而且，在提供优质服务和达成净零能耗目标的同时也实现了企业运营的基本财务目标，落实了区域的净零能耗规划路线图并保证了项目的可持续性。

截至目前，美国 Hazelwood Green 项目是全球最大的净零能耗城市综合开发区。落基

山研究所为该区设计的 IESP 商业模式不仅能够提供更加综合优质的能源服务，而且以量化目标为导向，使整个区域以经济可行的模式实现净零能耗的目标。Hazelwood Green 项目作为全球最大的净零能耗城市综合开发区，已成功吸引多家企业的入驻。

3. 柏林欧瑞府能源科技园

柏林的欧瑞府能源科技园是能源转型领域的创新型榜样，其核心策略是实现环境保护、可持续发展和资源节约型产业发展。在这个科技园里，已经提前实现了德国联邦政府制定的 2050 年气候保护目标——二氧化碳减排 80%。这一目标是通过以下三个方面实现的：

（1）楼宇和设备技术的建设以最高能效为首要目标，并通过智能化的能源管理系统集中控制（智能建筑）。

（2）使用可再生能源，如光伏、风能、沼气等，通过热电联供站等设备来实现供暖、制冷和供电。

（3）建设和运营智慧园区项目，通过接入 1.8MWh 的电池储能系统，大约能满足 100 辆电动汽车、公交车充电的智能充电站，以及运行电转热和电转冷设备共同组成智能电网，达到 100% 使用可再生能源供电的目标。

欧瑞府能源科技园展示了在经济允许的前提下，如何通过智能和创新的系统升级，实现气候保护这一目标。通过在不同的要素之间（比如楼宇、交通和能源供应之间）建立联系，为了实现最佳效果，力求在最大比例使用可再生能源的前提下，尽最大可能降低系统成本，保障能源供给安全。

储能技术的应用在将具有波动性的风、光发电接入系统中起着重要的作用。电转热和电转冷设备在楼宇之间形成连接，电动车充电站连接了使用零碳能源的交通领域。园区的电池存储设备也是由退役汽车电池组成，用于保障电力供应和网络友好型任务的执行。

4. 欧洲最大虚拟电厂 Next-Kraftwerke

Next-Kraftwerke 是德国最大的虚拟电厂运营商，同时也是欧洲电力现货市场（EPEX）认证的能源交易商，参与能源的现货市场交易。该公司拥有虚拟电厂从数据采集、电力交易、电力销售，到用户结算的所有相关技术，同时，也可以为其他能源运营商提供虚拟电厂的运营服务和解决方案。

Next-Kraftwerke 管理着超过 4200 个分布式发电设备和储能设备，包括生物质发电装置、热电联产、水电站、灵活可控负荷、风能和太阳能光伏电站等，总体管理规模达到 2800MW，相当于两个大型的燃煤发电厂。

该公司一方面在风电和光伏发电等可控性较差的发电资源上安装远程控制装置 NextBox，通过虚拟电厂平台对聚合的各个电源进行控制，从而参与电力市场交易并获取利润分成。另一方面，利用生物质发电和水电启动速度快、出力灵活的特点，参与电网的二次调频和三次调频，从而获取附加收益。目前 Next-Kraftwerke 公司占到德国二次调频市场 10% 的份额。

Next-Kraftwerke 还推出了更标准化的储能模块解决方案。存储系统主体是一个容量

2MW 的单个集装箱，可通过 NextBox 连接到电网，使 Next-Kraftwerke 可以远程控制销售到现货市场的能源。该公司使用算法将能源和存储资产集中到 NextPool 中。然后，资产共同提供辅助服务。根据虚拟电厂（VPP）提供商的说法，这使他们能够以最有效和最有利可图的方式运营。

5. 综合能源园区解决方案库 EnergyVille

EnergyVille 是比利时吕文大学弗莱芒学院旗下从事可再生能源与智慧能源技术研究的机构，该机构参与了大量智能电网、区域供热与制冷项目。EnergyVille 的目标是成为欧洲五大创新能源研究所之一。

目前 EnergyVille 几个试点项目的成功经验已经在欧洲进行大范围推广，其中最具代表性的是综合能源系统评估工具 IDEAS 和"城市能源探路者"项目。

越来越多的建筑和社区将不同的能源（包括可再生能源和化石能源）与不同的能源载体（如电力和热能）结合在一起。EnergyVille 开发的综合能源评估工具 IDEAS，可以有效评估这些复杂能源系统在各个方面的效能。通过非常完整的 Modelica 库，可以对各个建筑物和社区进行建模，以进行能量和热舒适度模拟。

"城市能源探路者"是一个多功能的在线支持工具，可提供整体能源多图层可视化解决方案，用于计算节能效果、二氧化碳排放、能源改造方案的投资规划，以及建筑、社区和城市层面的能源流动。情境包括各种技术选择，如热网络、建筑翻新和分散式可再生能源生产技术。"城市能源探路者"可以将 EnergyVille 的能源分析技术与 GIS 数据管理和算法相结合。

二、国内综合能源服务的发展现状

（一）政策环境

近几年，我国在能源战略和能源规划方面出台和实施了一系列利于综合能源服务发展的相关政策，能源领域的体制机制改革也在加快推进中，为综合能源服务的发展创造了良好的政策环境。

在能源发展战略层面，我国出台的《能源生产和消费革命战略（2016—2030）》对今后十多年我国能源生产和消费革命作出了全面的顶层战略部署，明确要求在能源生产端要以绿色低碳为方向，推动能源集中式和分布式开发并举，大幅提高新能源和可再生能源比重；在能源消费端要推动城乡电气化发展，拓宽电力使用领域，优先使用可再生能源电力，同步推进电气化和信息化建设，大幅提高城镇终端电气化水平，实施终端用能清洁电能替代等。该战略对引领我国现代能源经济体系建设、指导能源绿色转型和高质量发展具有重大现实和长远意义，也为综合能源服务的总体发展指明了方向。

在能源发展规划方面，"十三五"期间，我国先后出台了能源、电力、油气、可再生能源发展、北方地区清洁供暖等阶段性专项规划，"互联网+"智慧能源、节能减排、电能替代、储能技术和产业发展等指导性政策文件。这些规划类、指导类政策文件，提出了能源消费总量和强度双控、能源输配网络基础设施、分布式能源、电能替代、智慧能源、储能等方面发展的阶段性目标、重点领域和工作任务以及综合保障措施，不仅为综合能源服务指明了具体发展方向和重点发展领域，同时为综合能源服务创造了巨大的

市场需求。

在能源领域的体制机制改革方面，新一轮电力体制改革已经取得了引人瞩目的进展，并且仍在进一步加快推进，售电侧放开、增量配电试点、分布式能源纳入电力市场等改革举措，创造出体量可观的市场化售电服务、增量配电网建设与运营服务、分布式能源开发利用服务需求，进一步促进了综合能源服务业务延伸发展。综合能源服务相关政策见表1-1。

表 1-1　　　　　　　　　　综合能源服务相关政策

序号	名　称	文　号	发布时间
1	《关于进一步深化电力体制改革的若干意见》	（中发〔2015〕9号）	2015年3月
2	《关于推进新能源微电网示范项目建设的指导意见》	（国能新能〔2015〕265号）	2015年7月
3	《关于推进"互联网+"智慧能源发展的指导意见》	（发改能源〔2016〕392号）	2016年2月
4	《关于推进电能替代的指导意见》	（发改能源〔2016〕1054号）	2016年5月
5	《关于推进多能互补集成优化示范工程建设的实施意见》	（发改能源〔2016〕1054号）	2016年5月
6	《关于实施"互联网+"智慧能源示范项目的通知》	（国能科技〔2016〕200号）	2016年7月
7	《能源生产和消费革命战略（2016～2030）》	（发改基础〔2016〕2795号）	2016年12月
8	《关于规范开展增量配电业务改革试点的通知》	（发改经体〔2016〕2480号）	2016年12月
9	《关于公布首批多能互补集成优化示范工程的通知》	（国能规划〔2017〕37号）	2017年1月
10	《关于印发新能源微电网示范项目的通知》	（发改能源〔2017〕870号）	2017年5月
11	《关于公布首批"互联网+"智慧能源示范项目的通知》	（国能发科技〔2017〕20号）	2017年6月
12	《推进并网型微电网建设试行办法》	（发改能源〔2017〕1339号）	2017年7月
13	《关于开展分布式发电市场化交易试点的通知》	（发改能源〔2017〕1901号）	2017年11月
14	《关于规范开展第二批增量配电业务改革试点的通知》	（发改经体〔2017〕2010号）	2017年11月
15	《关于进一步推进增量配电业务改革的通知（征求意见稿）》	（发改办能源〔2018〕356号）	2018年3月
16	《关于提升电力系统调节能力的指导意见》	（发改能源〔2018〕364号）	2018年3月
17	《关于规范开展第三批增量配电业务改革试点的通知》	（发改经体〔2018〕604号）	2018年4月
18	《征求〈关于实行可再生能源电力配额制的通知〉意见的函》	—	2018年11月
19	《关于征求组建能源行业综合能源服务标准化技术委员会意见的函》	—	2018年12月
20	《关于建立健全可再生能源电力消纳保障机制的通知》	（发改办体政〔2019〕375号）	2019年5月
21	《关于规范开展第四批增量配电业务改革试点的通知》	（发改运行〔2019〕1097号）	2019年6月

（二）发展现状

1. 国家电网有限公司

2017年，国家电网有限公司（简称国网公司）正式进入综合能源服务领域，发布了《国家电网公司关于在各省公司开展综合能源服务业务的意见》，明确提出推动国网公司由电能供应商向综合能源服务商转变，要求各省公司将综合能源服务作为主营业务，到

2020 年，确保累计实现业务收入达 500 亿元左右，力争实现 600 亿元左右，市场份额得到显著提升。2018 年，国网公司在综合能源服务业务取得了显著成绩，组建了 27 家省级综合能源服务公司，全年实施综合能源服务项目 2943 个，综合能源业务收入 51 亿元。2019 年 2 月，国网公司正式印发《国家电网有限公司关于推进综合能源服务业务发展 2019~2020 年行动计划》，提出将公司建设成为综合能源服务领域主要践行者、深度参与者、重要推动者和示范引领者，对综合能源服务业务进行了更加科学、系统、全面的规划和部署，重点布局综合能效服务、多能服务、分布式能源、专属电动汽车服务等四大业务，开展 22 项关键技术设备研发，推进 20 个重点示范项目建设。2019 年 3 月，国网公司发布了《国家电网泛在电力物联网建设大纲》，明确将打造涵盖政府、终端用户、产业链上下游的智慧能源综合服务平台，提供信息对接、供需匹配、交易撮合等服务，为新兴业务引流用户；加强设备监控、电网互动、账户管理、用户服务等共性能力中心建设，为电网企业和新兴业务主体赋能，支撑"公司、区域、园区"三级智慧能源服务体系。2020 年 1 月，国网公司将国网节能服务有限公司更名为国网综合能源服务集团有限公司，进一步明晰国网综合能源服务集团工作界面，构建与省综合能源服务公司业务"界面清晰、各有侧重、协同发展"的纽带关系。

2. 中国南方电网公司

中国南方电网公司（简称南网公司）是国内最早布局综合能源服务业务的大型企业之一，2010 年便成立了南网综合能源公司，全面开展综合能源服务业务。南网公司旗下的广东电网有限责任公司在综合能源服务领域上也出台了多项相关支持政策。自 2018 年 4 月，南网广东公司先后出台了《加快向综合能源服务公司转型、创建世界一流企业工作方案》《关于加快综合能源业务发展的指导意见（2018 年修订版）》和《广东电网有限责任公司竞争性业务发展行动计划（2018—2020）》三个重要文件，完成了"1+8+5"方案的顶层设计，明确要构建综合能源服务体系，为加快向综合能源服务公司转型、创建世界一流企业奠定坚实的基础。在上述文件中首次提出将企业业务布局分为三大类：核心类业务、支撑类业务、整合类业务。核心类业务主要包括综合能源服务、市场化售电、智能电网增值服务业务；支撑类业务主要包括工程建设、高端装备制造、科技信息业务；整合类业务即电力综合服务业务。在上述子公司布局的基础上，南网公司 2019 年正式印发《关于明确公司综合能源服务发展有关事项的通知》，明确表示要"进一步明确综合能源服务发展重点和业务界面，为用户提供多元化的综合能源供应及增值服务，支撑公司向能源产业价值链整合商转型"。

3. 中国华电集团有限公司

作为我国五大发电集团之一，中国华电集团有限公司（简称华电集团）率先在综合能源服务领域迈出了实质性步伐。2019 年 5 月，华电集团正式发布《中国华电集团有限公司综合能源服务业务行动计划》，加快布局具有华电特色的"清洁友好、多能联供、智慧高效"综合能源服务业务。该行动计划是华电集团对指导高效开展综合能源服务业务，适应能源发展趋势，向综合能源服务商转型的行动指南。华电集团按照"试点先行、全面推进、引领提升"三个阶段安排，加快布局综合能源服务业务，构建"互联网+"综

合能源服务平台，提升综合能源服务业务支撑能力。着力打造多能互补清洁能源基地，深度推广区域多能供应，因地制宜开展分布式可再生能源供应，积极推进综合能效服务，能源市场交易服务，提供设备销售及运维服务，建设综合能源智慧控制系统平台，建设"互联网+"综合智慧能源服务平台，加强技术创新能力建设，一体化服务能力建设，高端合作能力建设，实现能源产业价值链的整合发展。

4. 国家电力投资集团有限公司

近年来，国家电力投资集团有限公司（简称国家电投）在综合能源服务领域进行了诸多布局，在 2018 年就已提出要以清洁能源开发和综合能源服务为主导，打造具有全球竞争力的世界一流综合能源集团。2019 年 5 月，国家电投发布智慧能源重点科技创新成果，引入互联网、大数据、人工智能等先进技术，以提升多种能源的智能化、智慧化水平。同年 6 月，国家电投将智慧能源技术推广到集团各发电业态，在上海前滩、福建平潭、珠海横琴、天津棉三等地共推进了 41 个智慧能源项目。2020 年 4 月，国家电投宣布组建综合智慧能源科技公司。该公司是国家电投统筹综合智慧能源产业发展的主要载体，将发挥核能、新能源、电网、火电、氢能、储能等多能源品种技术经验，向交通、建筑、信息和军民融合等领域终端用户拓展。

5. 中国大唐集团有限公司

中国大唐集团有限公司（简称大唐集团）于 2019 年 12 月正式注册成立智慧能源产业有限公司，是我国五大发电集团中首个成立专属综合能源服务业务平台公司的集团。大唐智慧能源公司致力于分布式多能互补、智能微网和增量配网等领域投资、建设和服务，研究集成和应用能效技术、智能技术，促进人工智能、大数据、云平台、5G 通讯与传统能源供给方式和控制技术的深入融合，超前开发清洁、高效、经济的智慧能源应用市场，为用户提供高质量的能源产品和综合能源服务。在对外合作上，该公司先后与中节能城市节能研究院、深圳清洁能源研究院、华润智慧能源有限公司、南京科远智慧科技集团、海康威视数字技术股份有限公司、深圳达实智能股份有限公司等达成合作意向，共同合作开展综合能源服务业务。

6. 北京能源集团有限责任公司

北京能源集团有限责任公司（简称京能集团）明确要努力建设成为国际一流的首都综合能源服务集团的战略定位，形成煤、电、热一体化的大能源格局。2019 年 4 月，京能集团成立综合能源服务分公司，为公司各售电及新建综合能源项目的统一管理服务平台，主营业务有与电、热、冷、水综合能源服务相关的生产经营服务，新能源、分布式能源、供能系统、储能系统、配电网实业投资、建设、租赁、运维及检修，供电、售电服务、电力需求侧管理服务、电力节能服务、清洁能源咨询服务、合同能源管理服务等。截至 2019 年 8 月，京能集团首个综合能源服务系统已经落地青岛，目前在青岛有住智能家居产业园顺利运行，为园区用户提供集配电网、供冷、供热、光伏发电、储能为一体的典型多能互补综合能源服务。除了青岛项目，京能集团还与深圳燃气集团，南方电网公司合作，申请了国家能源局首批 23 个多能互补示范项目之一的深圳国际低碳城多能互补集成优化示范工程项目。

7. 协鑫集团控股有限公司

协鑫（集团）控股有限公司（简称协鑫集团）围绕智慧能源及能源互联网产业布局，通过分布式和智慧能源控制及应用，将天然气热电冷系统、光伏发电、风能发电、储能技术、节能技术、低位热能结合为一体，提供多种能源服务，通过建设电网、热网、天然气管网、信息网和大数据云平台，以"源—网—售—用—云"能源互联新模式，实现从电力供应商向综合能源服务商的转型。2018年4月3日，无锡协鑫分布式能源开发有限公司名称变更为江苏协鑫综合能源服务有限公司，经营业务包括分布式能源项目的开发管理、分布式能源系统工程设计、安装和施工、分布式能源技术开发、技术咨询、技术支持、机械设备、五金产品及电子产品的批发、售电业务、能源技术服务、合同能源管理、电力供应、承装（承修、承试）电力设施业务、天然气管道运输服务、储能、配电网开发建设运营等。

8. 新奥集团

2012年新奥集团提出泛能网概念，将冷热、燃气联系起来，开发冷热电联产项目，将燃气、冷、热、电一起销售给用户。新奥集团规划的泛能网项目市场着眼于工商业园区、用能企业、建筑等，形成了以天然气等清洁能源为主要产品，以城市民用、园区、公建、交通和工商业用户为终端用户，以城市燃气、园区能源、交通能源和分布式能源为主要业务的能源分销体系，为用户量身定制清洁能源整体解决方案。在整个山东区域，新奥集团目前已有20多个大大小小的泛能网潜在用户。

第二章 综合能源服务系统

综合能源系统在地域分布及功能实现方面，可表现为区域综合能源系统，包含能源的耦合及集成机理。根据地域分布及能源自身供应、输配、需求特性，可将系统分为跨区级、区域级和用户级。综合能源的区域划分及能源特性框架如图 2-1 所示。

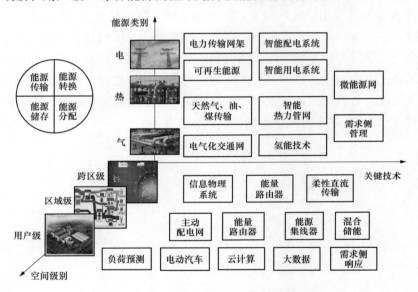

图 2-1 综合能源的区域划分及能源特性框架

第一节 供应端综合能源系统

一、供应端综合能源服务系统分类

综合能源系统的基本思路是通过产供销储体系建设，各子系统将不同时段、不同位置、不同品位的能量进行互补、替代、削峰填谷，从而实现不同品位能源的梯级利用。此外还能解决光伏、风电波动性强、布置分散、能量密度低等问题，从而推进可再生能源的大规模利用，弃风弃光状况明显缓解。

本节将从能源服务系统的供应端入手，基于化石燃料综合能源供能系统、可再生能源综合能源供能系统及综合能源服务储能系统几个方面，分别对各系统的类型及特

点、设备及组成展开介绍，并对供应端综合能源服务系统的建模及优化运行策略展开讨论。

其中，化石燃料综合能源供能系统包括：以燃煤热电联产机组为代表的清洁燃煤供能系统，以燃气内燃机、航改型燃气轮机及微型燃气轮机、燃料电池和燃气热泵为主要形式的天然气供能系统。可再生能源综合能源供能系统包括：以光伏和光热为代表的太阳能供能系统，风力发电供能系统，以生物质直燃、生物质气化和沼气发电为主要形式的生物质供能系统，以地热发电和地源热泵为代表的地热供能系统，以及以水力发电和水源热泵为典型的水能供能系统。综合能源服务储能系统包括：以水蓄冷、冰蓄冷、共晶盐蓄冷和气体水合物蓄冷为代表的蓄冷系统，以显热储热、潜热储热、化学反应热储热为主要方式的储热系统，以及以抽水蓄能和电化学储能为代表的储电系统。

供应端综合能源服务系统建模及优化运行策略部分，将以分布式冷热电联供系统和区域综合能源系统为典型案例，分别对系统内各类机组进行建模，并对系统运行策略进行模型优化。

二、供应端综合能源服务系统组成

（一）化石燃料综合能源供能系统

1. 燃煤热电联产机组

燃煤热电联产系统是一种以供热和发电同时进行的燃煤能源利用系统，现有的燃煤热电联产机组主要是来自原有的热电联产机组设计及纯凝机组的供热改造，目前其供暖形式主要包括抽汽供暖和高背压供暖。其中抽汽供暖系统是通过抽取高参数的蒸汽用于供暖，最终将冷却后的疏水作为除氧器的旁路回到系统。需要指出的是，抽汽供暖方式也包括经过热泵等提高系统效率的热网水加热装置。由于燃煤热电联产系统需要同时供热和发电，在生产过程中，热电负荷调节范围之间存在较强的相互关联。出于灵活供暖考虑，抽汽供暖方式在国内应用更广泛，但其"以热定电"或者"以热限电"的运行模式仍是其不同于纯凝机组的主要特点。图 2-2 所示为燃煤热电联产系统供暖形式示意图。

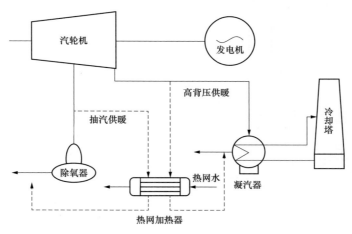

图 2-2 燃煤热电联产系统供暖形式

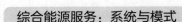

综合能源服务：系统与模式

2. 天然气供能系统

（1）燃气内燃机供能系统。如图 2-3 所示，燃气内燃机供能系统主要由内燃机发电系统和余热回收系统组成。余热回收系统由两部分组成，即烟气余热回收系统和缸套冷却水余热回收系统。烟气余热以蒸汽或热水方式回收，缸套冷却水余热以热水方式回收。

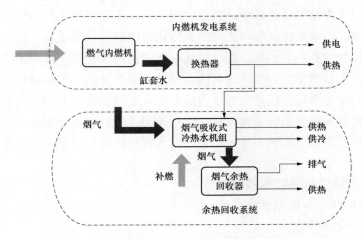

图 2-3　燃气内燃机供能系统示意

内燃机供能系统发电容量一般为 10kW～8MW，近几年民用领域占比较高的机组发电容量为 300～1000kW，发电效率（LHV 标准）为 28%～45%，而适用于集中供热的发电容量超过 5000kW 的大型机组效率普遍高于 45%。

内燃机余热利用方式多种多样，如生产热水、蒸汽、冷水，进而发展出"内燃机+吸收式冷热水机组"供能系统、"内燃机+排气换热器"供能系统、"内燃机+余热锅炉"供能系统等。

（2）航改型燃气轮机及微型燃气轮机供能系统。微型燃气轮机的工作原理如图 2-4 所示。燃气经气体压缩机后由燃料喷嘴喷入燃烧室，与来自压缩机的空气经过回热器的

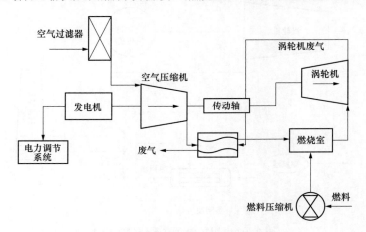

图 2-4　微型燃气轮机工作原理示意图

空气混合进行燃烧，将燃料的化学能转化为热能，产生高温高压烟气进入涡轮透平机膨胀做功推动透平叶片高速转动，将烟气热能转变为透平叶片的机械能，涡轮透平通过传动轴（气浮轴承）带动永磁发电机发电，将转轴的机械能转换为电能，产生变频变压的交流电。

微型燃气轮机的主要动力是由布雷顿循环或者称之为等压循环产生的，有些具有回流换热功能，有些没有。与大型燃气轮机的压缩比相比，微型燃气轮机工作时的压缩比比较低。在回流换热系统中，压缩比直接与进气和排气之间的温度差成比例。从而使得排放的热能可以引入到回流换热器，使得循环效率增加，可到达 30%，而没有回流换热器的微型燃气轮机的效率只有 17%。

燃气轮机供能系统主要由燃气轮机驱动发电系统和排气余热回收系统组成。余热回收系统是回收发电排气的余热，排气余热以蒸汽方式回收利用。虽然燃气轮机发电效率略低于内燃机，但可以回收余热生产高参数的蒸汽，可以为工业用户提供工艺用汽，经济性较高，尤其是供热用燃气轮机，可以根据生产用汽和用电需求调节其负荷。燃气轮机运行噪声属于高周波，容易采取防噪声、防振等措施。燃气轮机发电机组能在无外界电源的情况下快速启动与加载，很适合作为紧急备用电源和电网中尖峰负荷的调峰电源，能够较好地保障电网的安全运行。燃气轮机的热能利用流程如图 2-5 所示。

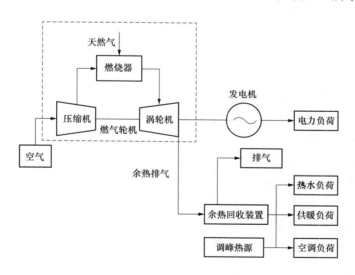

图 2-5 燃气轮机热能利用流程

（3）燃料电池供能系统。目前最为成熟且常用的燃料电池有碱性燃料电池（alkaline fuel cell，AFC）、直接甲醇燃料电池（direct methanol fuel cell，DMFC）、质子交换膜燃料电池（proton exchange membrane fuel cell，PEMFC）、磷酸性燃料电池（phosphoric acid fuel cell，PAFC）、熔融碳酸盐燃料电池（molten carbonate fuel cell，MCFC），以及固体氧化物燃料电池（solid oxide fuel cell，SOFC）。几种商业运行上比较成熟的燃料电池主要技术性能指标见表 2-1。

表 2-1　　　　　　　　　几种商业运行上比较成熟的燃料电池主要技术性能指标

项目	单位	技术经济指标					
		1kW	10kW	100kW	300kW	400kW	2.8MW
燃料电池形式		质子交换膜（PEMFC）	质子交换膜（PEMFC）	磷酸型（PAFC）	熔融碳酸盐（MCFC）	磷酸型（PAFC）	熔融碳酸盐（MCFC）
发电出力	kW	1	10	105	300	400	2800
供热出力	kW	1.74	15.5	123	240	453	2000
燃气耗量	m^3/h	0.288	2.6	22	61.6	83	546
发电效率	%	35	35	42	47	42	47
总热效率	%	85	85	92	80.3	90	80.5
发电气耗	m^3/kWh	0.130	0.130	0.106	0.132	0.130	0.130
供热气耗	m^3/GJ	25.0	25.0	25.0	25.5	25.0	25.5

　　燃料电池供能系统利用余热方式，包括"燃料电池+溴化锂吸收式冷热水机组"供能系统、"燃料电池+热泵机组"供能系统、"燃料电池+排气换热器"供能系统。

　　"燃料电池+溴化锂吸收式冷热水机组"供能系统为燃料电池发电之后尾气进入溴化锂吸收式冷热水机组，生产热水及冷水，供给供暖、热水供应系统及空调系统。

　　"燃料电池+热泵机组"供能系统为燃料电池发电之后尾气进入热泵机组回收排气余热，生产热水及冷水，供给供暖、热水供应系统及空调系统。

　　"燃料电池+余热换热器"分布式供能系统为燃料电池发电之后尾气进入余热换热器回收余热，生产蒸汽，供给蒸汽溴化锂吸收式冷水机组，生产冷水供给空调系统，同时蒸汽直接供给工艺生产用蒸汽。

　　（4）燃气热泵供能系统。燃气热泵供能系统是一种以燃气作为燃料，通过燃气发动机做功驱使压缩机工作，由制冷剂的气液两相转换，从而达到制冷及制热目的的系统。它由制冷系统、燃气系统、冷凝水系统、监控系统及电气系统组成。制冷系统包括室内机、室外机、制冷剂管道系统。一般这些设备由制造商组装成模块机组，称之为天然气发动机驱动的热泵机组。

　　"多联式空调+热水供应"机组系统是烟气热泵供能系统的典型应用，能够同时实现供暖、空调、热水供应，并具有节能、经济、舒适、环保、运行方便等特点。在夏季，制冷时同时供应热水；过渡季或夏季不开空调时，利用补燃型燃气热水器供热水；冬季供暖时，也可以利用补燃型燃气热水器供热水。该机组可以广泛地用于燃气商用、家用中央空调需要制冷、供暖、热水供应的场所，如别墅、公寓、住宅、办公楼、商场、饭店、健身房等。其系统示意如图 2-6 所示。

　　（二）可再生能源综合能源供能系统

　　1. 太阳能供能系统

　　（1）太阳能光伏发电系统。太阳能光伏发电是目前最主要的太阳能发电形式。太阳能光伏电池工作原理的基础是半导体 PN 结的光生伏特效应。当太阳光（或其他光）照射在光伏电池上时，电池吸收光能，产生电子—空穴对。在电池 PN 结内建电场的作用

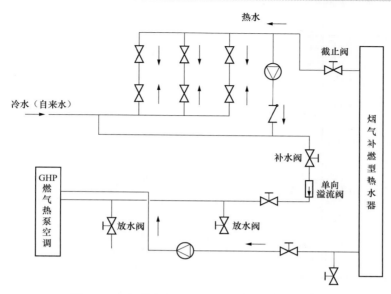

图 2-6 "多联式空调+热水供应"机组系统示意

下，光生电子和空穴分离，电池两端出现异号电荷的积累，产生光生电压，即所谓的光生伏特效应。如果两侧引出电极并接上负载，则回路上有电流流过，从而获得功率输出。目前市面上常见的光伏电池类型有晶硅类光伏电池、薄膜电池两种。

晶硅类光伏电池是目前最常见的太阳能光伏电池，又可分为单晶硅光伏电池和多晶硅光伏电池两大类。两者加工工艺类似，区别在于使用的基片原料是单晶硅还是多晶硅。多晶硅是将高纯度的硅熔化后浇筑成方形的硅锭，而单晶硅则是通过籽晶生长，拉伸成棒状而成。晶硅类光伏电池片常见的规格尺寸主要有 125mm×125mm、150mm×150mm、156mm×156mm 等多种，单片电池的工作电压为 0.45～0.5V，工作电流为 35～30mA/cm^2，厚度为 180～220μm。目前市场上的多晶硅电池发电效率为 17%～18%，单晶硅电池效率为 18%～21%。

薄膜太阳能电池种类较多，目前已经能进行产业化大规模生产的薄膜电池主要有：硅基薄膜太阳能电池、铜铟镓硒薄膜太阳能电池（CIGS）、碲化镉薄膜太阳能电池（CdTe）三种。其中最常见的薄膜光伏组件是硅基的薄膜电池。硅基薄膜太阳能电池在材料结构上包括非晶硅、微晶硅；电池结构上包括非晶硅单结，非晶硅、非晶硅双结叠层，非晶硅、微晶硅双结叠层电池，也包括以硅为基础的各种合金材料和电池。薄膜电池成本较晶硅类光伏电池便宜，且便于与建筑结合，但发电效率偏低，一般为 6%～10%，且寿命和稳定性有待验证。

几种常见类型的光伏发电系统见表 2-2。

表 2-2 几种常见类型的光伏发电系统

发电系统	典型类型	典型类型逆变器	注 意 事 项
地面光伏发电系统	集中式	集中式	一般指平坦地面上建设的光伏发电系统，为常规类型的光伏发电系统

发电系统	典型类型	典型类型逆变器	注 意 事 项
山地光伏发电系统	集中式	集中式	由于山地区域地形起伏，如沿着地面铺设，将会出现光伏组件朝向不一的情况。因此山地光伏的组件朝向需特别考虑，串联的组件尽量朝向相同
农光互补光伏发电系统	集中式	集中式	在建设农光互补项目之前，应提前选择适合的农作物，在设计过程中，需考虑农作物对光的需求，适当增加光伏组件间距，争取综合收益最大，避免发生片面增加发电量而大幅度影响农业收益的情况发生
渔光互补发电系统	集中式	集中式	需特别注意历史最高水位；由于光伏组件铺设在水面，选取光伏组件时候注意考虑湿度带来的影响；适当考虑由于水温下降对鱼类的影响；由于水面反射，渔光互补的效率一般高于计算值
屋顶光伏发电系统	分布式	组串式、集中式	根据屋面的具体条件，因地制宜建设；注意考虑临近建筑遮挡；注意考虑屋面荷载及对建筑的影响；所发电力尽量自发自用，余电上网；计算发电量及收益时候，根据屋顶类型及朝向把光伏项目细分为多个子项目，再进行综合

（2）太阳能光热系统。太阳能光热发电原理是利用聚光集热器将太阳能聚集起来，提高能量密度，将某种工质加热到数百摄氏度的高温，后经过换热后驱动传统原动机产生电能。如图 2-7 所示，典型的太阳能光热发电系统一般由集热子系统、热传输子系统、蓄热与热交换子系统、发电子系统四大模块组成，对于不同的光热系统，各模块的具体形式不同。太阳能光热发电的能量转换形式为：太阳辐射能—热能—电能。由于太阳能光热发电的中间状态是以热能的形式，热能存储较电能存储方便且经济，因此太阳能光热发电相比于太阳能光伏发电有存储优势。

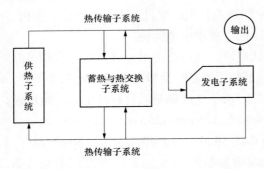

图 2-7　太阳能光热发电的基本原理

太阳能光热发电关键设备既是太阳能光热技术急需突破的重点，也是商业化推广的技术难点，目前市场上主要有塔式太阳能发电系统、碟式太阳能发电系统、槽式太阳能发电系统、菲涅尔式太阳能发电系统。

塔式太阳能热发电系统主要由定日镜、集热塔（含塔顶接收器）、熔盐罐、换热器、循环管路（含泵、阀、流量计等）、发电机组等部件组成。采用多个二维跟踪的定日镜，将太阳光发射到固定于集热塔顶端的接收器上，加热接收器中的导热介质，导热介质沿管路流下，通过换热系统产生高温蒸汽，驱动汽轮机运行，进而带动发电机发电。塔式发电系统的反射镜一般为平面镜或略带弧度的凹面镜。由于集热塔周边可以布置数量很多的定日镜，因此塔式太阳能发电系统的聚光比一般在 500~1000 倍，接收器受光面温度可超过 1200℃，导热介质温度一般在 400~600℃，常用的导热介质有硝酸盐、水、空气等。塔式太阳能热发电系统反射镜制备相对简单，聚光倍数高，热转化率高，系统发电效率可达 20%，因此塔式太阳能发电系统便于实现大功率发电，并带储能系统，可平稳输出电力。

碟式太阳能热发电系统主要由斯特林发电机、支撑构架、立柱、支撑悬臂、反射镜、控制系统、驱动系统等组成。碟式发电原理是采用碟状抛物面反射镜，将太阳光聚焦到集热器上，传热介质流经集热器被加热，驱动汽轮机运转，进而带动发电机发电，一般在焦点上安装斯特林发电机发电。由于碟式发电系统的反射镜镜面为双曲抛物面，聚光形式为点聚光，聚光比一般为 500～2000 倍，因此导热介质可以达到很高的温度，从而提供发电效率。在各种太阳能光热发电中，碟式系统的发电效率最高，一般在 28%～30%，且系统占地面积小，单机容量一般 5～25kW。碟式可单台或多台运行，没有规模效应。

槽式太阳能热发电系统主要由真空集热管、槽型聚光集热器、循环管路、存储系统、换热系统、发电机组等部件组成。槽型抛物面反射镜将太阳光聚焦到线性的真空集热管上，加热真空集热管内部流过的导热介质，并经过串联、并联将能量汇聚，通过换热系统，产生高温高压蒸汽，推动汽轮机带动发电机发电。槽式太阳能发电系统的反射镜镜面为单轴抛物曲面，聚光形式为线聚光，聚光比一般在 60～80 倍，因此槽式太阳能发电导热介质温度比较低，一般在 300～500℃，常见的导热介质有导热油、水、熔盐等。槽式发电系统整体效率在 14%～18%，低于塔式和碟式。

菲涅尔式太阳能发电系统主要由菲涅尔反射式聚光装置、塔杆顶接收器、储热装置、发电机组和监控系统等组成。菲涅尔式光热发电技术可以称之为是槽式技术的特例。其发电基本原理与槽式技术类似，与槽式的不同之处在于菲涅尔式发电系统使用的是平面反射镜，同时其集热管是固定式的，避免使用软管或球形接头等活动部件，一般不用真空绝热，有利于降低成本。由于使用平面反射镜，菲涅尔发电系统的聚光比一般比较小，因此工作温度较低，一般在 180～250℃，常见的介质为水。由于运行温度较低，也有部分项目不直接发电，而将菲涅尔系统作为电厂前级。

2. 风能供能系统

风力发电机组主要由风力机、发电系统、传动链、偏航系统、控制系统、液压系统等构成。其工作原理如图 2-8 所示。

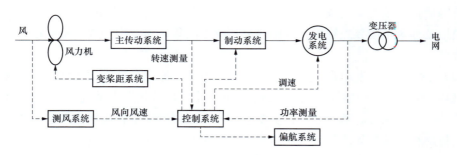

图 2-8　风力发电机组工作原理

风力机是用来捕捉风能的旋转机械，核心部件是风轮。风轮的作用是把风的动能转换成风轮的旋转机械能，并通过传动链传递给发电机，进而转换成电能。发电机的选型与风力机类型及控制系统控制方式直接相关，当采用定桨距风力机和恒速恒频控制方式时，应选用感应发电机；采用变桨距风力机时，应采用笼型感应发电机或双馈感应发电

机；采用变速恒频控制时，应选用双馈感应发电机或同步发电机；对于直驱式风力发电机组，一般采用低速（多极）永磁同步发电机。传动链是指将风轮获得的动力以机械方式传递给发电机的整个轴系及其组成部分，主要包括主轴、齿轮箱、联轴器等组成。偏航系统是风电机组特有的伺服系统，主要有两个功能：一是使风电机组叶轮跟踪变化的风向；二是当风电机组由于偏航作用，机舱内引出的电缆发生缠绕时，自动解除缠绕。

3. 生物质能供能系统

（1）生物质直燃发电系统。生物质直燃发电系统主要包括生物质原料收集系统、预处理系统、储存系统、给料系统、燃烧系统、热利用系统和烟气处理系统。生物质直燃发电系统如图 2-9 所示，农作物秸秆、稻壳等生物质原料从附近各个收集点运送到生物质直燃电厂，经破碎、分选、压实等预处理后存放在原料储存仓库；由原料输送装置将预处理后的生物质送入特定的生物质锅炉内燃烧，通过锅炉换热产生高温高压蒸汽，再利用蒸汽推动汽轮机发电系统进行发电。生物质燃烧后的灰渣落入除灰装置，由输灰机送至灰坑，进行灰渣处理。烟气经处理后排放。生物质直燃发电原理与燃煤锅炉火力发电相似。

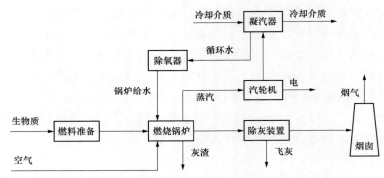

图 2-9　生物质直燃发电系统示意

生物质直燃发电工艺成熟，整套生物质发电系统可以连续稳定地运行，并能高效率、大规模地处理多种废弃生物质，且原料易于就地收集、运营维护成本相对较低，适宜大规模推广。

（2）生物质气化发电系统。生物质气化发电基本原理是生物质在气化炉中气化生成可燃气体，净化后推动燃气发电设备进行发电。生物质气化发电系统主要包括气化系统、净化系统、发电系统。其工艺流程主要包含三个过程：①生物质气化，把固体生物质转化为气体燃料；②气体净化，气化出来的燃气带有一定的杂质，包括灰分、焦炭和焦油等，需要经过净化系统去除杂质，以保证燃气发电系统的正常运行；③燃气发电，利用燃气内燃机或燃气轮机进行发电，为提高发电效率，燃气轮机（内燃机）后可以增加余热锅炉和蒸汽轮机。生物质气化发电工作原理与燃气发电相似，发电流程如图 2-10所示。

生物质气化发电系统核心设备是气化炉，目前市场上常用的气化炉主要是固定床气化炉与流化床气化炉两种类型。

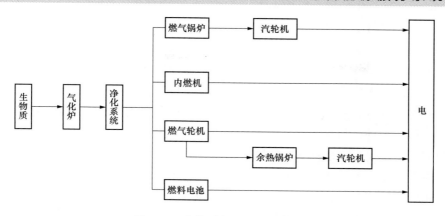

图 2-10　生物质气化发电系统示意

固定床气化炉比较适合于小型、间歇性运行的气化发电系统。其优点是原料不用预处理，设备结构简单、紧凑，燃气含灰量较低，净化可以采用简单的过滤方式。缺点是固定床不便于放大，难以实现工业化，发电成本一般较高。另外，由于加料和排灰问题，不便于设计为连续运行方式，对气化发电系统的连续运行不利，且燃气质量易波动，发电质量不稳定，由此限制了固定床气化技术在气化发电系统中的大量应用。

流化床气化技术包括鼓泡流化床、循环流化床、双流化床等，运行稳定，燃气质量、加料与排渣均非常稳定，且流化床的运行连续可调。更重要的是流化末易于放大，适合生物质气化发电系统的工业应用。流化床的缺点在于：①原料需要进行预处理，使原料满足流化床与加料的要求。②流化床气化产生燃气中飞灰含量较高，不便于后续的燃气净化处理。③生物质流化床运行费用比较高，不适合小型气化发电系统，只适合大中型气化发电系统。

生物质气化发电技术具有以下两个特点：①技术灵活。生物质气化发电可以采用内燃机、燃气轮机、余热锅炉和汽轮机等多种类型，可以根据规模大小选用合适的发电设备，保证任何规模下都有合理的发电效率，能很好地满足生物质分散利用的特点。②清洁环保。生物质本身属于可再生能源，可有效减少二氧化碳、二氧化硫等有害气体的排放，且气化过程的温度较低（一般在 700～900℃），氮氧化物生成量很少，能有效控制氮氧化物的排放。

（3）沼气发电。沼气是各种有机物在隔绝空气，并保持一定的湿度、浓度、酸碱度等条件下，经过各类厌氧微生物的分解代谢而产生的一种可燃性气体，主要成分是甲烷和二氧化碳，其中甲烷含量为 50%～70%，二氧化碳含量为 30%～40%（容积比），此外还含有少量的硫化氢、氮气、氧气、氢气等气体，占总含量的 10%～20%。沼气经过预处理或提纯，去除其中的水分、硫化氢等杂质之后可作为燃料发电，发电原理与生物质气化发电原理相同。

沼气发电系统的主要设备有沼气发动机、发电机和热回收装置。沼气发动机一般由煤气机、汽油机、柴油机改制而成，要求沼气在进气前必须进行脱水、脱硫、脱二氧化碳及卤化物，目前国内主要有全部使用沼气的单燃料发动机，以及部分使用沼气的双燃

料沼气—柴油发动机。

4. 地热供能系统

（1）地热发电系统。地热发电的热能主要来源于地球内部的核衰变，通常是通过人为的手段将工质注入地下，来交换地体中的热量，再将工质获得的热能在地表转换为电能。根据热源储存方式的差异，可分为水热、地压热和干热岩热能。地热发电技术原理与火力发电原理相同，都是利用工质的热能在膨胀机内做功转化为膨胀机的机械能，最终转化为电能，做功后工质的热品质降低。与火力发电的区别在于地热能工质的热能初品质相对较低，发电效率相对比较低，受地热田分布限制较大。

（2）地源热泵系统。地源热泵是一种通过输入少量高位能（电能），实现从浅层地能（土壤热能、地下水中的低位热能或地表水中的低位热能）向高位热能转移的热泵系统。地源热泵系统包括地表水源热泵系统、地下水源热泵系统、土壤耦合热泵系统三种类型。

地表水源热泵系统可分为开式地表水换热系统和闭式地表水换热系统。开式地表水换热系统是通过取水口，并经简单污物过滤装置处理，然后将地表水处理后直接送入机组作为机组的热源；闭式地表水换热是通过中间换热装置将地表水与机组冷媒水通过换热器隔开的系统形式。

地下水源热泵系统可分为分散式系统和集中式系统两种。集中式系统选用大中型水—水热泵机组，集中安装在空调冷、热站内，集中制备热媒（冷媒），然后由热媒（冷媒）循环泵通过空调水管路系统，将热媒（冷媒）输送到各个空调房间的末端装置内，以实现供暖（供冷）。分散式系统选用小型水—空气热泵机组，将小型水—空气热泵机组分别设置在各个空调房间内或各个区域内，由小型水—空气热泵机组直接向室内供暖（供冷）。地下水换热系统是地下水源热泵系统所特有的系统，其功能是将地下水中的低位热能（10～25℃）输送到水源热泵系统，作为机组低位热源。地下水换热系统形式很多，根据生产井和回灌井的位置不同，可分为同井回灌系统和异井回灌系统两种。每种系统又可根据地下水是否直接供给水源热泵机组，分为直接供水系统和间接供水系统。

土壤耦合热泵系统又称为地埋管地源热泵系统，与传统空调系统的主要区别在于增加了一个地埋管换热器，即地下埋管环路。地埋管换热器进行的是埋管中的流体和固体（地层）的换热，这种换热过程是非稳态的，涉及的时间跨度很长，空间区域也很大，条件复杂。根据地埋管换热器埋管方式的不同，可以分为水平埋管换热器与竖直埋管换热器两大类。水平埋管方式的优点是在软土地区造价较低，但传热条件受到外界冬夏气候一定的影响，主要缺点是占地面积大。竖直地埋管换热器是在若干竖直钻孔中设置地下埋管的地埋管换热器，由于竖直地埋管换热器具有占地少、工作性能稳定等优点，目前是工程应用中的主导形式。当可利用地表面积较大，地表层不是坚硬的岩石时，宜采用水平地埋管换热器，否则宜采用竖直地埋管换热器。

5. 水能供能系统

（1）水力发电系统。水力发电的基本流程是：具有水头的水力经压力管道或压力隧洞（或直接进入水轮机）进入水轮机轮转流道，水轮机转轮在水力作用下旋转（水能转

变为机械能），同时带动同轴的发电机旋转，发电机发电，发出的电能经升降压变压器后与电力系统联网。

水轮发电机组及辅助设备包括水轮机、发电机、调速器、励磁系统、油水气系统。

水轮机是将水能转化为机械能的设备，按照水流能量转换特性，分为反击式和冲击式。发电机将机械能转化为电能，由转子、定子、上机架、下机架、推力轴承、导轴承、空气冷却器、励磁机和永磁机等主要部件组成。调速器的主要作用是调节发电机频率和有功负荷，具体来说，就是根据电网负荷的变化，不断相应调节水轮发电机组有功功率的输出，以维持机组转速或频率在规定范围内。励磁系统是供给发电机励磁电流的直流电源及其附属部件，主要作用是调节发电机电压和无功功率。

（2）水源热泵。水源热泵是利用地球表面浅层的水源，如地下水、河流和湖泊中吸收的太阳能和地热能而形成的低品位热能资源，采用热泵原理，通过少量的高位电能输入，实现低位热能向高位热能转移的一种技术。其原理就是在夏季将建筑物中的热量转移到水源中；在冬季，则从相对恒定温度的水源中提取能量，利用热泵原理通过空气或水作为载冷剂提升温度后送到建筑物中。通常水源热泵消耗 1kW 的能量，用户可以得到 4kW 以上的热量或者冷量。

冬季水源热泵机组可利用的水体温度为 12～22℃，比冬季室外空气温度高，所以热泵循环的蒸发温度提高，能效比也提高。设计良好的水源热泵机组与电采暖相比，可减少 70% 以上的电耗。水体的温度一年四季相对稳定，特别是地下水，其波动的范围远远小于空气的变动，是很好的热泵的冷热源。因此，使得热泵机组运行可靠、稳定，也不存在空气源热泵的冬季除霜等难点问题。并且水源热泵机组的运行没有任何污染，可以建造在居民区内，没有燃烧，没有排烟，也没有废弃物，不需要堆放燃料废物的场地，且不用远距离输送热量。

水源热泵系统可供暖、供冷，还可供生活热水，一机多用，一套系统可以替代锅炉和空调两套装置。特别是对于同时有供暖和供冷要求的建筑物，水源热泵有明显的优点。不仅节省了大量能源，而且减少了设备的初投资。水源热泵的运行效率较高、费用较低，但与传统的供热供冷方式相比，在不同的需求的条件下，其投资经济性会有所不同。据资料介绍，通过对水源热泵冷热水机组、空气源热泵、溴化锂直燃机、水冷冷水机组加燃油锅炉四种方案进行经济比较，水源热泵冷热水机组初投资最小。需要注意的是，水源热泵系统的节能必须从政策、主机设计制造、系统的设计和运行管理统筹各个方面考虑，水源热泵机组可以做到利用较小的水流量提供更多的能量，但系统设计时若对水泵等耗能设备选型不当，也会降低系统的节能效果，或造成系统初投资增加。

（三）综合能源服务储能系统

1. 蓄冷系统

蓄冷系统的蓄冷方式如图 2-11 所示。

（1）水蓄冷。水蓄冷技术是利用峰谷电价或者有多余的制冷量的情况时，利用制冷机组将一定量的水降温，同时做好保温工作，当需要冷量时，从蓄存的冷水中吸取冷量，达到降温的效果。蓄冷温度在 4～7℃，单位体积的蓄冷容量为 5.9～11.33kWh/m³。水蓄

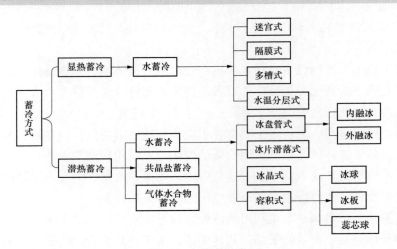

图 2-11　蓄冷方式

冷技术具有以下特点：常规冷水机组和吸附式制冷机组均可使用，保证在经济状态下运行；可通过不增加制冷机组容量而对常规供冷进行扩容和改造来达到增加供冷容量的目的；可利用原有的蓄水设施、消防水池或地下室等作为蓄水容器，降低投资成本；可以实现蓄热和蓄冷的双重用途；技术要求低，维修方便。

但是水蓄冷技术具有着蓄水池体积较大，蓄冷温差较小，所需负荷不宜太大等缺点。为提高系统的蓄冷能力和效率，应当保持尽可能大的蓄冷温差并防止储存冷水与回流热水的混合。为了实现这一目的，蓄冷槽的形式可以采用多种方法，如自然分层法、多蓄水槽法、迷宫法、隔膜法等。

（2）冰蓄冷。冰蓄冷空调技术在电力负荷很低的夜间用电低谷期，采用电动制冷机制冷，使蓄冷介质结成冰，利用蓄冷介质的显热及潜热特性，将冷量蓄存起来，在用电高峰期的白天，使蓄冷介质融冰，把储存的冷量释放出来，以满足建筑物空调或生产工艺的需要。

冰蓄冷所需体积远小于水蓄冷，而且由于冰水温度低，在相同空调负荷下可减少冰水供应量。同样，可减少空调送风量，从而减少送风机容量、供冰水管道和风管尺寸。低温冰水的另一特点是除湿能力强，可保证空调区域的低湿度，具有更好的舒适性，提高空调品质。但是，冰蓄冷系统也存在缺点：冰蓄冷的制冷主机要求在冰水出口端的温度降至−5℃，故使制冷剂的蒸发温度降低；另外，制冰运转时其性能系数 COP（coefficient of performance）也有所下降，与制水主机相比，其电耗净增加约 19%；由于制冰槽及冰水管路温度常低于 0℃，须增加绝热层厚度，以免发生外部结霜和减少漏热；蓄冷系统的技术水平要求较高，设计和控制比水蓄冷系统复杂。

根据制冰方法分类，可以将冰蓄冷系统分成静态制冰和动态制冰。静态制冰指冰的制备和融化在同一位置进行，蓄冰设备和制冰部件为一体结构。具体形式有冰盘管式（外融冰式管外蓄冰）、完全冻结式（内融冰式管外蓄冰）密封件蓄冰。动态制冰指冰的制备和储存不在同一位置，制冰机和蓄冰槽相对独立，如制冰滑落式、冰品式等。

（3）共晶盐蓄冷。共晶盐蓄冷是利用固—液相变特性蓄冷的另一种形式。共晶盐是

由无机盐、水、成核剂和稳定剂组成的混合物。在共晶盐蓄冷系统中，共晶盐大多装在板状、球状或其他形状的密封件里，再放入蓄冷槽中。一般来讲，共晶盐蓄冷槽的体积比冰蓄冷槽大，比水蓄冷槽小。

共晶盐蓄冷系统具有以下特点：适用于传统空调和旧楼房空调系统的改建；共晶盐蓄冷材料相变温度较高，与冰蓄冷系统相比主机效率可以提高30%，同时蓄冷量大；蓄冷系统工作在0℃以上，冷水侧可采用常规冷水机组系统设计方法，且与现有空调系统极易耦合；蓄冷材料凝固温度较高，系统压降较低，设计方便，无需考虑管线冻结问题。但是，共晶盐系统的蓄冷密度小，不足冰蓄冷的50%，蓄、放冷过程中的热交换性能较差，且设备投资也较高，所以推广应用受到一定的限制。

（4）气体水合物蓄冷。气体水合物为气体或易挥发液体与水形成的包络状晶体。气体水合物蓄冷技术是利用气体水合物可以在水的冰点以上结晶固化的特点形成的特殊蓄冷技术。

用制冷剂气体水合物作为蓄冷的高温相变材料可以克服冰蓄冷效率低、水蓄冷密度小和共晶盐换热效率低、易老化失效等蓄冷介质的弱点。其相变温度在5～12℃，适合采用常规空调冷水机组进行蓄冷，大大提高蓄冷效率；溶解热约为302～464kJ/kg，蓄冷密度大；易于采用直接接触式蓄、放冷系统，蓄冷和放冷过程的热传递效率高。早期应用的气体水合物对大气臭氧层有破坏作用，国内外随后对一些替代制冷剂气体水合物进行研究，并已经得到了具有较好蓄冷特性的制冷剂气体水合物。

2. 储热系统

（1）显热储热。显热储热的储热材料利用自身比热容的特性，通过温度变化进行蓄热与放热，其共同点是单位质量或体积的储热量大，物理及化学性质稳定，导热性好等。液体显热储热材料如水，固体显热储热材料如碎石、土壤等，广泛应用在储热温度要求不高的领域，例如太阳能空调等。但是因为占用体积大，因此无法进行规模化使用。诸如熔融盐、液态金属和有机物等材料也可用作显热材料。熔盐具有高热容，宽温度范围和低黏度等优点，使其成为典型的中高温传热蓄热材料。

（2）潜热储热。潜热储热的基本原理是，材料的两相处于平衡共存状态，当一相转变为另一相时，热量被吸收或者释放。在相变过程中每单位质量材料吸收（释放）的热量称为潜热。潜热储热目前是最受关注的储热技术，主要是因为潜热储热材料的储能密度明显大于显热储热材料的储能密度，具有很好的实际研发前景。

根据材料的相变温度，潜热储热材料可分为低温相变材料和高温相变材料。低温相变储热材料主要用于工业中的废热回收、太阳能储存和利用，以及供热和空调系统等。离子液体及类离子液体很有潜力成为优良的中低温潜热储能材料。高温相变储热材料包括高温熔化盐、混合盐、金属和合金等，主要用于航空航天、发电站等领域。

（3）化学反应热储热。化学反应热储热，也称为热化学储热，是一种利用化学反应过程将化学能转化为热能的储热方式。这种类型的储热方式的特点在于高能量密度，并且其储能密度高于显热储热和潜热储热。通过催化剂作用或者产物分离的方法，热化学储热能够实现热量的长期储存。

化学反应热储热主要用于中低温储热。对于具有良好可逆性、高储热密度、快速反应速率、产物分离和副反应（对重复操作没有影响）的反应，可以更好地用作化学反应热储热的反应。常用的反应体系主要包括多孔材料、氢氧化物、结晶水合物和复合材料。

3. 储电系统

（1）抽水蓄能。抽水蓄能技术利用低谷电价来储存能量，利用其他电站提供的剩余能量，在电力负荷低谷或丰水时期，将水从地势低的下水库抽水到地势高的上水库，将电能转换为势能；在白天的高峰负荷或枯水季节期间，用上水库的水驱动水轮发电机组发电，将势能转换为电能。其主要任务是调峰、调频、填谷及紧急事故备用任务，并具备黑启动能力，这是目前最成熟的和应用最广的大规模储能技术。但是受水文和地质条件制约，储能电站选址受限制，因此能否应用于分布式能源依赖于项目的环境条件。

（2）电化学储能。电化学储能技术中常用的四种电池技术对比见表2-3。

表 2-3　　　　　　　　　　　　　　　四 种 电 池 技 术 对 比

电池	能量密度（Wh/kg）	循环次数（次）	充放电效率（%）	系统成本（元/kW）
锂离子电池	150～300	3000～5000	90～95	1500～3000
铅炭电池	30～100	2000～4000	70～80	1200～1800
全钒液流蓄电池	20～50	>10000	75～85	4000～6000
钠硫蓄电池	760（理论值），>300（实际值）	>2500	>90	>12000

锂离子电池具有较高的比能量（比功率），电压高，自放电小，可长时间存放，寿命长，可快速充电和并联使用，环境友好无污染，是当代先进的绿色电池。但其造价成本高，大容量集成技术难度大，生产维护成本高。随着技术的发展及应用，锂离子电池有望在多能互补综合能源系统中广泛应用。

铅炭电池价格便宜，构造成本低廉，技术成熟，可靠性高，已广泛应用于电力系统；但是其存在寿命短，制造过程污染环境等缺点。铅酸电池主要用于电力系统正常运行时为断路器提供合闸电源，在发电厂、变电站供电中断时发挥独立电源的作用，为继电保护装置、拖动电动机、通信、事故照明提供动力。

全钒液流蓄电池是一种新型的大型电化学储能装置，容量设计非常灵活，充放电反应速度快，可深度放电，无自放电现象，使用寿命长，安全性高，不污染环境，能量效率高。基于这些优点，全钒液流蓄电池应用广泛，其在综合能源系统中也具有很好的应用前景。

钠硫蓄电池比能量高（其理论比能量可达760Wh/kg，实际产品已大于300Wh/kg），体积小，具备大电流、高功率放电的特性，便于模块化制造、运输和安装，且建设周期短，适用于城市变电站和特殊负荷。但其工作时需要一定的加热保温措施，现多采用真空绝热保温技术。

三、供应端综合能源服务系统建模及优化运行策略

（一）分布式冷热电联供系统能量管理策略

以分布式冷热电联供系统（distributed combined cooling, heating and power system,

DCCHP）为代表的新型综合能源系统，打破了各类能源系统分立规划运行的模式，实现了不同能源形式在生产、传输过程中的耦合，可大大提高能源的利用效率。

1. DCCHP 系统结构与模型

分布式冷热电联供系统由风电机组、光伏电池、燃气发电机群、燃气锅炉、余热回收系统、吸收制冷机、电制冷机及有机朗肯循环系统构成，具体结构与能量流动方式如图 2-12 所示。

图 2-12　DCCHP 系统结构及能量流动方式

（1）燃气发电机群模型。燃气发电机群由一组微型燃气发电机组合而成，其总发电效率与出力的函数关系式由历史数据多项式拟合得到，模型表示为

$$\eta_{cc1000} = f[P_g(t)] = \sum_{i=1}^{16} P_i \left[\frac{P_g(t)}{P_N} \right]^{16-i} \tag{2-1}$$

式中：η_{cc1000} 为总出力达到 $P_g(t)$ 时机群的发电效率；$P_g(t)$ 为燃气发电机时段 t 的运行功率；P_N 为机群额定出力；P_i 为效率多项式函数的系数。

（2）余热回收系统模型。余热回收系统收集燃气发电机群的发电余热并将其送至热母线，其模型引入损失系数来模拟余热在管道中传输时的热量损耗，表示为

$$Q_{husm}(t) = P_g(t)(1-\eta_{cc1000})\eta_h \lambda_{lost} \tag{2-2}$$

式中：$Q_{husm}(t)$ 为时段 t 余热回收系统收集的总热量；η_h 为余热回收系统的热回收效率；λ_{lost} 为余热传输时的损失系数。

（3）其他设备模型。假设分布式冷热电联供系统中燃气锅炉、吸收制冷机、电制冷机及有机朗肯循环系统启动后工作效率均保持不变，则其设备输出能量（冷、热、电）可用设备输入能量（冷、热、电或天然气）与对应能量转化效率的乘积来表示，供能模型均可表示为

$$L_{out}(t) = L_{in}(t)C_t \tag{2-3}$$

式中：$L_{out}(t)$ 为时段 t 设备输出能量（冷、热、电）；$L_{in}(t)$ 为时段 t 设备输入能量（冷、热、电或天然气）；C_t 为设备的能量转化效率。

2. 供能侧设备出力调度优化

（1）目标函数。供能侧出力调度子系统建立 DCCHP 综合成本模型并将其作为求解的目标函数，如式（2-4）所示。其中综合成本包括购气成本，与电网交易成本及各设备运行维护成本。

$$\min C_1 = \min\{C_{\text{Ele}} + C_{\text{Lng}} + C_{\text{Man}}\} \qquad (2\text{-}4)$$

$$C_{\text{Ele}} = \sum_{t=1}^{24} P_{\text{grid}}(t)R(t) \qquad (2\text{-}5)$$

$$R(t) = \begin{cases} R_{\text{Power}}^{\text{on}}, & \text{当} t \text{处于峰时段} \\ R_{\text{Power}}^{\text{mid}}, & \text{当} t \text{处于平时段} \\ R_{\text{Power}}^{\text{off}}, & \text{当} t \text{处于谷时段} \end{cases} \qquad (2\text{-}6)$$

$$C_{\text{Lng}} = \sum_{t=1}^{24}[P_{\text{g}}(t) + P_{\text{boi}}(t)]r_{\text{Lng}}(t) \qquad (2\text{-}7)$$

$$\begin{aligned} C_{\text{Man}} = \sum_{t=1}^{24}[&P_{\text{g}}(t)v_{\text{g}} + P_{\text{boi}}(t)v_{\text{boi}} + Q_{\text{husm}}(t)v_{\text{hsum}} + P_{\text{ac}}(t)v_{\text{ac}} \\ &+ P_{\text{ecold}}(t)v_{\text{ecold}} + P_{\text{pv}}(t)v_{\text{pv}} + P_{\text{wind}}(t)v_{\text{wind}} + P_{\text{ORC}}(t)v_{\text{ORC}}] \end{aligned} \qquad (2\text{-}8)$$

式中：C_1 为系统综合成本；C_{Ele} 为与电网交易成本；C_{Lng} 为天然气购置成本；C_{Man} 为各设备运行维护成本总和；$P_{\text{grid}}(t)$ 为时段 t 与电网交易的电量；$R(t)$ 为时段 t 系统与电网交易的分时电价；$R_{\text{Power}}^{\text{on}}$、$R_{\text{Power}}^{\text{mid}}$、$R_{\text{Power}}^{\text{off}}$ 分别为电网峰、平、谷时段电价；$r_{\text{Lng}}(t)$ 为时段 t 的天然气价；$P_{\text{boi}}(t)$、$P_{\text{ac}}(t)$、$P_{\text{ecolod}}(t)$、$P_{\text{pv}}(t)$、$P_{\text{wind}}(t)$、$P_{\text{ORC}}(t)$ 分别为燃气锅炉、吸收制冷机、电制冷机、光伏电池、风电机组、有机朗肯循环系统时段 t 的运行功率；v_{g}、v_{boi}、v_{husm}、v_{ac}、v_{eclod}、v_{pv}、v_{wind}、v_{ORC} 分别为燃气发电机、燃气锅炉、余热回收系统、吸收制冷机、电制冷机、光伏电池、风电机组及有机朗肯循环系统时段 t 的运行维护成本。

（2）约束条件。DCCHP 系统运行的约束条件包括冷热电母线能量平衡约束及各设备出力上下限约束。

冷热电母线能量平衡约束为

$$\left. \begin{array}{c} P_{\text{g,ele}}(t) + P_{\text{wind}}(t) + P_{\text{pv}}(t) + P_{\text{grid}}(t) - P_{\text{ecold}}(t) = P_{\text{load}}(t) \\ Q_{\text{boi}}(t) + Q_{\text{hsum}}(t) - Q_{\text{hsum}}^{\text{cool}}(t) - Q_{\text{ORC}}(t) \geqslant Q_{\text{load}}(t) \\ Q_{\text{ac}}(t) + Q_{\text{ecold}}(t) \geqslant C_{\text{load}}(t) \end{array} \right\} \qquad (2\text{-}9)$$

式中：$P_{\text{g,ele}}(t)$ 为时段 t 燃气发电机群发出的电量；$P_{\text{load}}(t)$ 为时段 t 的电负荷值；$Q_{\text{boi}}(t)$ 为时段 t 燃气锅炉产生的热量；$Q_{\text{hsum}}^{\text{cool}}(t)$ 为时段 t 被吸收制冷机收集的热量；$Q_{\text{ORC}}(t)$ 为时段 t 有机朗肯循环吸收的热量；$Q_{\text{load}}(t)$ 为时段 t 的热负荷值；$Q_{\text{ac}}(t)$ 为时段 t 吸收制冷机提供的冷能；$Q_{\text{ecold}}(t)$ 为时段 t 电制冷机提供的冷能；$C_{\text{load}}(t)$ 为时段 t 的冷负荷值。

设备出力约束为

$$P_{x\min} \leqslant P_x \leqslant P_{x\max} \qquad (2\text{-}10)$$

式中：P_x 为联供系统设备 x 的出力；$P_{x\min}$、$P_{x\max}$ 分别为设备出力下限和上限。

（3）求解流程。将各设备参数、分时电、气价格及各类等式和不等式约束条件编入

线性规划求解程序，输入各时段负荷预测值、各时段可再生能源渗透率，经线性规划可求出系统成本及对应设备的出力值，求解流程如图 2-13 所示。

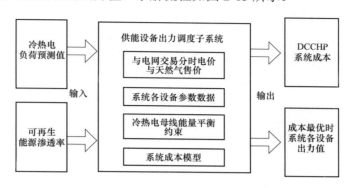

图 2-13　DCCHP 成本与设备出力调度求解流程示意图

（二）区域综合能源系统运行优化模型

传统的综合能源系统运行优化方法大多从能量角度出发建立目标函数，并没有考虑运行过程中的"能质"属性，需要引进㶲的概念实现对综合能源系统运行损耗的客观评价。同时，由于不同时间地点、不同形式的㶲的价值属性并非是等价的，因此基于"能质匹配"原则，考虑线路传输过程中的㶲经济损耗建立了区域综合能源系统运行优化模型。

1. 能量耦合设备模型

（1）热电联产单元。热电联产单元可以分为抽汽式汽轮机、燃气轮机两种，带燃气轮机的热电联产单元是通过直接燃烧天然气推动燃气轮机的运行，同时向需求侧供应电能及热能。该类机组的热电比固定，其发电功率及供热功率的关系如下

$$P_{CHP} = \Phi_{CHP} / C_m \qquad (2-11)$$

式中：P_{CHP} 与 Φ_{CHP} 分别为该类型热电联产单元的电功率、热功率；C_m 为燃气轮机的热电转化系数。

抽汽式汽轮机通过直接将部分高压蒸汽抽出用以供热，其热电比随着抽汽量的变化而变化，其发电功率及供热功率的关系如下

$$Z = \frac{\Phi_{CHP}}{P_{con} - P_{CHP}} \qquad (2-12)$$

式中：Z 为常数；P_{con} 为全冷凝模式下的发电功率。

（2）热泵。热泵是一种常见的多能流耦合元件，一般情况下用来连接电力网络及热力网络。它通过消耗少量的电能将环境中低品质的热能提升至较高品质，其热功率及电功率之间的关系可表示为

$$P_b = \Phi_b / COP \qquad (2-13)$$

式中：P_b、Φ_b 分别为电热锅炉消耗的电功率及产生的热功率；COP 为热泵的能效系数，即热泵转化热能的效率。

（3）循环水泵。作为连接电力网络与供热网络等的能量耦合设备，循环水泵将电能

转化为压能，用来克服热力网络中热工质的传输过程中遇到的阻力。循环水泵消耗的电功率表示为

$$P_\text{p} = \frac{m_\text{p} g H_\text{p}}{10^6 \eta_\text{p}} \tag{2-14}$$

式中：P_p 为循环水泵转化压能消耗的电功率；m_p 为泵内热工质质量流率；g 为重力加速度；H_p 为循环水泵出口泵压；η_p 为泵效率系数。

2. 运行优化模型

（1）目标函数。综合考虑综合能源系统在传输过程中的电㶲、压㶲及热㶲损失，同时考虑该时段下不同类型㶲的价格属性，以整个系统的㶲经济损失量最小为目标函数，表示为

$$\min C_\text{loss} = c_1\left(\sum_{i\in S_\text{el}} \Delta Ex_\text{e}^i + w\sum_{i\in S_\text{hl}} \Delta Ex_\text{p}^i\right) + c_2\sum_{i\in S_\text{el}} \Delta Ex_\text{T}^i \tag{2-15}$$

式中：c_1、c_2 分别为电㶲、热㶲的价格，由于压㶲的损失直接反映为电㶲的损失，因此将压㶲转化为电㶲后，以电㶲的价格表示压㶲的价格；w 为压㶲与电㶲的转化系数，直接表现为循环水泵的效率系数；ΔEx 为㶲损量，下标 e、T、p 依次表示电能、热能及压能；S_el、S_hl 分别表示供电网络、供热网络的管线集合。

能源的价值与其对应㶲的价值虽然并不等价，但能反映出该类型能源㶲价的大致范围。根据能量和㶲的转换关系，即式（2-16），可得出式（2-17）。

$$E_x = (1 - X_0/X)E \tag{2-16}$$

$$\left.\begin{array}{l}E_X = (1 - X_0/X)E \\ c_E E = c_{E_x} E_X\end{array}\right\} \xrightarrow{\ \text{设}\varepsilon=(1-X_0/X)\ } c_{E_x} = \frac{1}{\varepsilon}c_E \tag{2-17}$$

式中：c_{E_x} 为㶲价，c_E 为对应能源价格，ε 为能级因子。

（2）不等式约束。对于任意一台供能机组而言，包括发电机组、燃气锅炉、循环水泵等，其对外做功能力都是有限的，因此，针对各供能节点，其出力范围可以表示为

$$P_{Gi\min}^j \leqslant P_{Gi}^j \leqslant P_{Gi\max}^j,\ j=\text{e,T,p} \tag{2-18}$$

式中：e、T、p 依次表示电能、热能、压能；$P_{Gi\min}^j$、$P_{Gi\max}^j$ 分别为供能机组 i 的最小出力与最大出力。

同时，为保证设备运行安全、使用寿命及供能品质，综合能源系统各能流子网络的各节点的基本强度量，如气压、水压、电压、温度等，也应当满足其最大耐受量与最小运行量的约束，即

$$X_{i\min}^j \leqslant X_i^j \leqslant X_{i\max}^j,\ j=\text{e,T,p} \tag{2-19}$$

式中：$X_{i\min}^j$、$X_{i\max}^j$ 分别为节点 i 基本强度量的最大耐受量与最小运行约束。

电能传输时受线路最大传输功率约束，热能与压能传输也受到管道工质传输容量约束，可整理得到综合能源系统传输单元的容量约束为

$$H_{i\min}^j \leqslant H_i^j \leqslant H_{i\max}^j,\ j=\text{e,T,p} \tag{2-20}$$

式中：$H_{i\min}^j$、$H_{i\max}^j$ 分别为能量传输单元基本广延量流传输的流量下限与上限。

变压器变比作为重要的控制变量，其分接头上、下限约束为

$$Tap_i^{\min} \leqslant Tap_i \leqslant Tap_i^{\max}, i \in S_{Tap} \qquad (2\text{-}21)$$

其中，S_{Tap} 为变压器分接头集合；$Tap_i^{\max}$、$Tap_i^{\min}$ 分别为变压器分接头 Tap_i 的调节上限、下限。

（3）等式约束。在对区域综合能源系统进行运行决策优化时，需要充分考虑其能流子系统的运行平衡约束条件，包括各能流子系统的能量平衡约束、供热网络的混合节点热量平衡约束、基本强度量平衡约束与基本广延量平衡约束等。

能流子系统的能量平衡约束可以描述为，网络中某类型能源的所有供能节点的供能功率与其用户侧的所有负荷功率需求的差值为整个供能网络的损耗，表示为

$$\sum_{i=1}^{n} P_{s,j}^{i} - \sum_{g=1}^{m} P_{\mathrm{load},j}^{g} - \sum_{h=1}^{S_j} H_j^h \Delta X_j^h = 0 \qquad (2\text{-}22)$$

式中：j 为能流类型；$P_{s,j}^{i}$、$P_{\mathrm{load},j}^{g}$ 分别为该类型能源的供能节点功率、负荷节点负荷功率；n、m 分别为对应的供能、负荷节点数量；S_j 为传输单元的集合；H_j^h、ΔX_j^h 分别为对应传输单元内的基本广延量流和其两端的基本强度量差。

常见的供热系统多采用双管供热模式，分为供水管、回水管两套管道系统，供水管与回水管内的流量大小一致，方向相反，温度不同，故而其混合节点处的热量平衡约束也有两种，表示为

$$\begin{cases} E_s(X_{T,\mathrm{load}}^s - X_T^0) - b_s = 0 \\ E_r(X_{T,\mathrm{load}}^r - X_T^0) - b_r = 0 \end{cases} \qquad (2\text{-}23)$$

式中：r、s 分别代表回水管与供水管；$X_{T,\mathrm{load}}^s$、$X_{T,\mathrm{load}}^r$ 分别为负荷热流入口与出口处的温度；E、b 为混合节点热量平衡的相关计算系数。

（4）遗传算法。含精英保留策略的遗传算法计算流程如图 2-14 所示。

通常情况下，种群内个体的适应度直接反映为目标函数值，然而考虑遗传算法优化过程中，依据随机决策变量组合以求解综合能源系统能量潮流所得到的状态变量有可能发生越限，因此采用罚函数法进行处理。

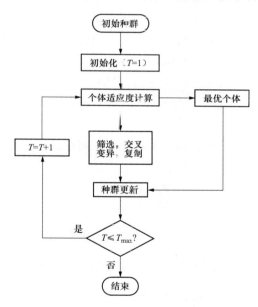

图 2-14 含精英保留策略的遗传算法计算流程图

第二节 输配端综合能源服务系统

综合能源系统的主要目标是提高能源利用效率，实现可持续供应，提高供应系统灵活性、安全性、经济性、自愈能力。能源之间的相互协同主要依赖于主体网架（电网、管网等），并具备柔性、可拓展能力。

针对输配端综合能源服务系统的研究，主要以跨区级、区域级为主。跨区级综合能源系统以大型输电、气等系统作为骨干网架，主要起能源远距离传输的作用，以柔性直流传输、先进电力电子、信息物理系统等为技术核心，能源系统之间的交互受到管理、运行、市场等因素的影响。区域级综合能源系统由智能配电系统、中低压天然气系统、供热、供冷、供水系统等供能网络耦合互连组成，能够实现能源传递、分配、转换、平衡的作用，以主动配电网、混合储能、能源转换模型等为技术核心，能源系统之间存在较强耦合。

一、输配端综合能源服务系统分类

（一）配电网

电力系统在输配端综合能源服务系统中有一定的代表性，其能源品位较高，并具有清洁、高效、易于传输等特性。

1. 高压配电网

一般电压等级在 35～110kV 范围的配电网可称为高压配电网，是连接输电网和中压配电网的枢纽。

高压配电网的典型接线方式有辐射式、环式、双侧电源不完全双回链式及双侧电源完全双回链式。实际应用中通常由以上几种接线组合构成。

（1）辐射式（见图 2-15）。

优点：每个负荷节点只有一个到电源的供电路径的接线，接线简单。

缺点：110kV 变电站只来自同一电源进线，可靠性差。

（2）环式（见图 2-16）。

优点：从一个电源节点出发，链接多个负荷节点后回到该电源节点，对电源布点要求低，扩展性强。

缺点：供电电源单一，网络供电能力小。

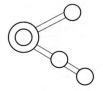 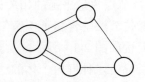

图 2-15　单辐射及双辐射接线架构　　　　图 2-16　单环及双环接线架构

（3）链式（见图 2-17）。

优点：以两个电源节点为两端，运行灵活，高可靠性。

缺点：出线回路数多，投资大。

典型双侧电源不完全双回链式接线方式中变电站常采用单母分段接线。

典型双侧电源完全双回链式串接的站点以 2～3 个为宜，变电站多采用单母分段接线。

从供电可靠性来看：链型接线＞环型接线＞辐射型接线；从输电线路建设规模和投资的经济性来看：辐射型接线＜环型接线＜链型接线。随着电压等级升高，负荷节点（变电站）的数量对应减少，单个节点故障后影响的区域越广。因此，高压配电网更倾向于提升

建设成本，选择可靠性高的网架结构，而低压电网则倾向于选用经济性较高的网架结构。

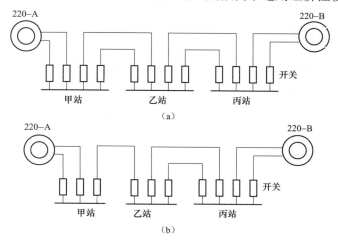

图 2-17　链式接线架构

（a）双侧电源完全双回链型三站三变式；（b）双侧电源不完全双回链型三站三变式

随着电力负荷的发展变化，在电网建设的阶段对供电安全水平要求的不同，线路接线方式可能经历由简单到复杂的过渡。如图 2-18 所示，箭头表示通过建设改造，电网接线方式的变化。此外，对于中压转供能力强的高压配电网也可适当进行简化或弱化，如图 2-18 中的虚线。

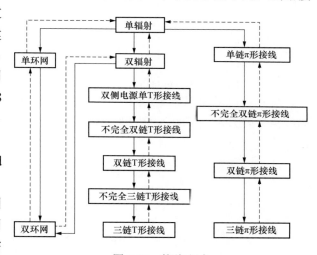

图 2-18　接线方式

2. 中压配电网

由于分布式电源（distributed generation，DG）的电压等级较低，主要集中接入在中压配电网中，因此，这里需总结常规的中压配电网网架结构特性。其网架结构规划时，需要同时考虑并满足供电安全性、供电可靠性和供电经济性。

考虑可行性，典型的四种架空线配电网接线方式及其可靠性、经济性和适用条件见表 2-4。

表 2-4　　　　架空线配电网接线方式供电可靠性、经济性评价及适用条件

接　线　方　式	可靠性	经济性	适　用　条　件
单辐射接线	差	很好	城市非重要负荷或郊区季节性负荷区域
不同母线出线环式接线	一般	一般	负荷密度大，可靠性也相对较高的城区

接 线 方 式	可靠性	经济性	适 用 条 件
不同母线三回馈线环网接线	较好	较好	负荷密度很大，可靠性要求高的城区
分段联络接线	很好	差	可用于城市电网负荷密度集中地区

（1）单辐射接线（见图 2-19）。

优点：经济性较高，所需的配电线路和开关柜数量少，投资小，新增负荷或分布式电源接入方便；每条主干线允许 100%满载运行。

缺点：不满足 N–1 原则，线路故障时，故障线路下游将全部受到影响停电。

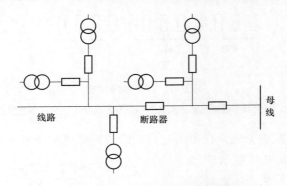

图 2-19　单电源辐射状接线架构

（2）不同母线出线的环式接线（见图 2-20）。

优点：可以使用户得到两个方向的电源，线路的备用容量为 50%，满足 N–1 原则。当线路故障时，故障点下游的非故障部分可以只需经过联络开关闭合倒闸操作时间的停电便可恢复供电。

缺点：增加了线路和设备的投资，相比单辐射经济性稍欠缺。

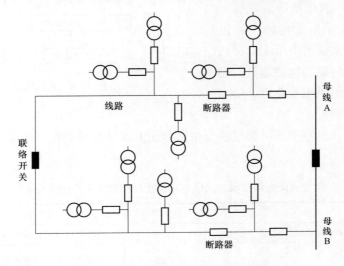

图 2-20　不同母线出线的环式接线架构

（3）不同母线三回馈环网接线（见图 2-21）。

优点：每条线路设置 50%为备用线路，满足 *N*–1 可靠性准则。通过增加了一个联络开关，使原单电源辐射状接线的母线 C 得到备用容量。可视作单辐射接线向环网状过渡的一种接线方式。

缺点：经济性略差于不同母线出线的环式接线方式。

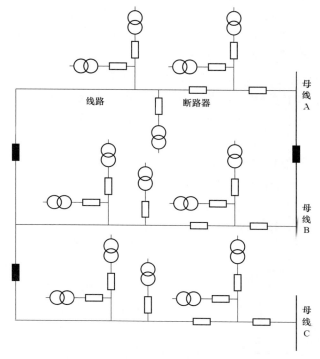

图 2-21　不同母线三回馈环网接线架构

（4）分段联络接线方式（见图 2-22）。

优点：在线路上安装分段开关，将其合理分段，减小故障范围、提升供电可靠性。线路预留 1/3～1/4 容量作为备用，相比之下线路利用率得以提升。联络开关两端线路的供电端需取自不同变电所的出线或同一个变电所的不同母线段。

缺点：由于需要设置分段开关、联络开关、联络线等电气设备，经济性较差。

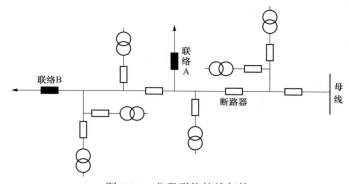

图 2-22　分段联络接线架构

（二）热力管网

1. 热网系统形式

按照不同的热力管网，可分为单管制供热系统、双管制供热系统和多管制供热系统；按照不同的供热形式，可分为直接供热系统和间接供热系统。

（1）热力管网制式。

1）单管制。在单管制管网中，主干线为环状。单管制供热管网系统由于主干线沿途流量不变，管径也不变，水力工况比较简单，但沿主干线沿程温度逐渐降低，需要保证热用户的供水温度满足最低水温要求。

2）双管制。目前我国常用的供热管网制式为双管制，由一支供水管和一支回水管构成，如不考虑沿程的管网散热损失，那么用户的供回水温度是相同的，热力工况比较简单，但这种管网形式供水管沿途流量逐渐减少，回水管沿途流量又逐渐增加，水力工况比较复杂。

3）三管制。三管制供热管网是从提高可靠性方面进行考虑设计的，多由两根供水管和一根公共回水管组成，两供水管分别承担常年性热用户的负荷及季节性热用户的负荷。

（2）供热形式。国内热网系统结构主要分直供系统和间供系统两类，大中型热网普遍采用间供系统。

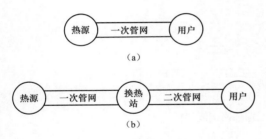

图 2-23　供热形式结构

（a）直供系统；（b）间供系统

供热系统的主要任务是根据热用户的热力需求，将热能从热源通过热力管网配送到各个热用户及其用热设备。如图 2-23 所示，根据热网等级的不同，将热力管网分为一次和二次。

热力管网在其中起到传输和分配热能的作用，通过对热力管网进行调节可以影响和改变热能的分配。对热力管网的调节方式主要有质调节、量调节、分阶段改变流量的质调节、间歇调节。

2. 热网互联

近年来，热网互联成为热力管网发展的主要趋势，已有多个城市的热力管网由传统的独立结构改造为互联结构在不同供暖单位间实行多热源联合供热，更好地发挥"一网多源"的优势，进一步提升供热系统运行的稳定性和经济性。

热力管网"一网多源"结构，如图 2-24 所示。由于区域 A、B 间的热力管网互联成为同一个供热网络，热电联产机组 A 可同时向区域 A、B 供热。而且在"一网多源"的结构下，不同机组间的热—电运行特性可以被充分利用，根据不同热电联产机组运行特性的差异合理分配热负荷，在保证热力输出功率不变的前提下增强电力输出功率的可调节范围，即系统的灵活性提高。

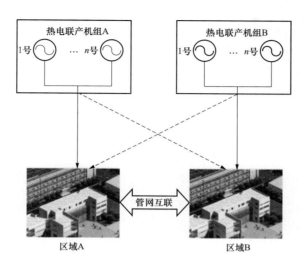

图 2-24　热力管网"一网多源"结构

3. 智能热网

智能控制是高级自动化系统的重要控制方式，是自动控制的热门发展方向。"智能热网"仿效智能电网界定的概念，将供热系统各个环节（热源、热网、热用户），通过信息网络，采取一系列措施如节能技改、计算机模块控制对各类资源和服务整合重组，进一步实现对供热系统运行、维护和规划的动态优化。

智能热网运行调度管理系统中一般包含以下八套系统：热源自动化生产管理系统、换热站自动化控制系统、二级网水力平衡调控系统、用户计量采集控制系统、管道侧漏系统、热网地理信息管理系统、热网在线模拟仿真系统、视频监控系统。各系统可以独立存在，也可以在系统之间进行海量数据的双向传输和决策运算。

（三）天然气管网

1. 长输天然气管线

长输天然气管线是指从输气首站到城市门站为止的管线。天然气主要从气田中开采或是由外接的气源提供，通过长距离输气管道运送至城市和工业区附近的天然气门站。常见的长输天然气管网结构主要有枝状管网、环状管网及混合管网（枝状环状均有的管网）。

（1）枝状管网。枝状管网是最常见、应用最普遍的管网类型，其特点是每个用气点和气体只来自一个方向。枝状管网的类型有辐射式管网、树枝式管网、辐射枝状组合式管网，如图 2-25 所示。

（2）环状管网。管段连成封闭的环状，输送至任一管段的燃气可以由一条或多条管道供气，如图 2-26 所示。其特点是长输天然气管网分配主管构成无端点的闭环路，任何一个节点均可由两向或多向供气。

（3）混合管网。实际的长输天然气管网多是以上两种不同管网形式的结合体，一般主要是枝状，但局部有一定数量的环状结构，如图 2-27 所示。

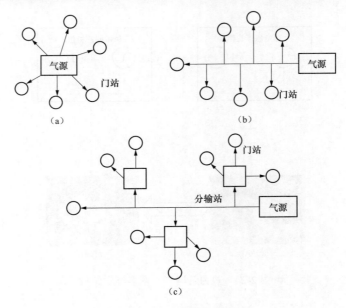

图 2-25　枝状管网类型

（a）辐射式管网；（b）树枝式管网；（c）辐射枝状组合式管网

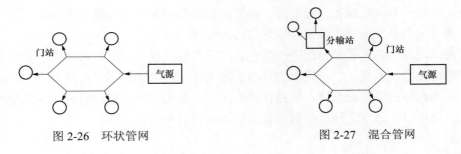

图 2-26　环状管网　　　　　　　　　　　图 2-27　混合管网

2. 天然气区域输配系统

天然气网络一般包括天然气管道、压缩机和储气罐等设备。配气网主要作用是将来自气源或输气系统的天然气输送、分配至用户，由于其管道距离短、气压损失小等原因一般不装设压缩机。随着燃气轮机等能源耦合设备的增加，配气系统与其他能源系统的能量交互程度逐渐加深。

天然气输配管网是指从城市气源点接气，向各类用户配送天然气的管网，位于天然气管网链中的第三位，故也称为下游管网。管网结构方面，较独立的大用户多用枝状，分布在城市（城镇）范围内的大量小用户多用环状。用户管网又称用户管道，一般是用户用地范围（如小区庭院及其建筑）内的管道，天然气工业中习惯将它视为下游管网中的一部分，而未将其作为天然气管网链中的一类，但对于完整的天然气管网链，它应当属于终端管网。

二、输配端综合能源服务系统组成

综合能源系统考虑的是能源系统的协同优化，不同的能源形式在不同应用场合会承

担不同角色,主导能源会随着应用场景的不同而不同。

通常而言,一个完整的综合能源系统可认为由传输网架层和能源枢纽层共同组成。长距离和大容量能量输送往往由电力网、天然气网占主导地位。由于热能的大规模远距离传输将导致大量能量损失,热能更适合在能量枢纽层进行生产传输和分配。

(一)能源耦合与转换模式

随着综合能源系统与能源互联网研究的逐步深入,能源集线器(energy hub,EH)与能量路由器成为其中的关键能源耦合与转换模块,前者是综合能源系统中不同形式能源相互转化的关键,后者是能源互联网相关技术应用的重要载体,两者具有一定的关联性与差异性。两者的主要概念比较见表2-5。

表 2-5　　　　　　　　　　　　能源集线器与能量路由器概念比较

项目	能 源 集 线 器	能 量 路 由 器
主要组成	转换模型、分配模型及存储模型等	固态变压器、能量管理与控制模块、网络通信模块等
主要功能	能源集线器负责能源的转化、存储、分配	根据信息流完成能量流的控制;具备能源控制、信息保障、定制化需求管理、网络运行管理的功能,是能源互联网中的智能控制单元
所属学术领域	综合能源系统分析	电力电子,信息通信等领域
分类	跨区级、区域级、用户级	主干、区域、家庭
典型应用场景	电力—天然气—热力综合能源系统能量优化分析	含交直流、可再生能源广泛接入的配电系统建模

1. 能源集线器

由于目前的综合能源系统中能源耦合程度不断加深,用户负荷需求也趋向多样化,如何在保留不同能源主要特性并满足能量平衡的条件下,对系统实现能量转化、存储和分配进行分析成为综合能源系统在稳态建模方面面临的问题。

能源集线器模型可视为综合能源系统中一个广义的多端口网络节点,通过与不同能源网连接,对多种类能量起到转换、调节、补充、缓解、存储等作用。作为用能侧和供能侧之间的传输环节,EH 模型是综合能源系统通用建模的一次有益尝试,可用于分析跨区级、区域级与用户级的综合能源系统,具有较好的适用性、通用性和可扩展性,已被广泛应用于各类综合能源系统相关研究中。

可将能源集线器抽象成输入—输出双端口网络,如图 2-28 所示。输入侧与能源相连,负责进行能量交换,用向量 P 表示;输出侧则供给各种(电、热、冷)负荷所需的能量,用向量 L 表示。C 为耦合矩阵,包括能源转化效率和优化调度因子。

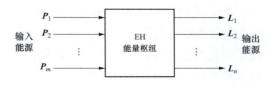

图 2-28　EH 端口网络

根据图 2-28，能源集线器可写成如下的矩阵形式

$$L = CP \qquad (2\text{-}24)$$

考虑能源系统中可再生能源及冗余能量的再利用，原有的能源集线器公矩阵形式产生变化。输入端的能量分为两部分：供能网络 P_N、当地可再生能源 P_R。输出端的能量分为两部分：负荷 L_N；冗余部分回馈至能源网络 P_B，储能部分能量用 E 表示。通过耦合矩阵 C 及输出耦合矩阵 S 可以建立能源的输入侧与输出侧关系为

$$(L_N + L_B) = \begin{bmatrix} C & S \end{bmatrix} \begin{bmatrix} (P_N + P_R) \\ E \end{bmatrix} \qquad (2\text{-}25)$$

一种典型的能源集线器模型如图 2-29 所示。

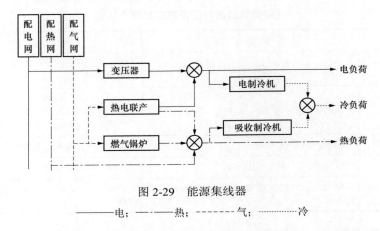

图 2-29　能源集线器

——————电；——　——热；————气；············冷

输入端接受来自配电网、配气网及配热网的能量，输出端为负荷供给冷、热、电能。内部有五种能量转换装置，包括变压器（transformer）、热电联产装置（combined heat and power，CHP）、燃气锅炉、电制冷机、吸收制冷机。为明确待规划能源集线器输入与输出的能量转换关系，可得矩阵方程为

$$\begin{bmatrix} L^E \\ L^C \\ L^H \end{bmatrix} = \begin{bmatrix} \eta^T & \eta^{CGE}\upsilon & 0 \\ 0 & 0 & 0 \\ 0 & \eta^{CGH}\upsilon + \eta^B(1-\upsilon) & 0 \end{bmatrix} \begin{bmatrix} P^E \\ P^G \\ P^H \end{bmatrix} + \begin{bmatrix} -1 & 0 \\ \eta^{EC} & \eta^{HC} \\ 0 & -1 \end{bmatrix} \begin{bmatrix} P^{EC} \\ P^{HC} \end{bmatrix} \qquad (2\text{-}26)$$

式中：L^E、L^C、L^H 分别为电负荷、热负荷和冷负荷；P^E、P^G、P^H 分别为从配电网、配气网和配热网输入至能源集线器的能量；P^{EC} 为输入至电制冷机的电能；P^{HC} 为输入至吸收制冷机的热能；η^{CGE}、η^{CGH} 分别为 CHP 将天然气变为电能和热能的转换效率；η^T、η^B 分别为变压器和燃气锅炉将天然气变为热能的转换效率；υ 为将源自配气网的天然气流入热电联产装置的比例，$1-\upsilon$ 为相应注入燃气锅炉的比例；η^{EC} 为电制冷机将电能变为冷能的转换效率；η^{HC} 为电制冷机将电能变为冷能的转换效率。

储能技术和自动化技术的发展使得能源网络具有可转换，调节与储存的特点，能源集线器所需的能量也不再依赖于单一的路径，自由度随之提升。考虑系统中接入热储能及电储能装置，能源集线器的能量转换模型变化为

$$\begin{bmatrix} L^{\mathrm{E}} \\ L^{\mathrm{C}} \\ L^{\mathrm{H}} \end{bmatrix} = \underbrace{\begin{bmatrix} \eta^{\mathrm{T}} & \eta^{\mathrm{CGE}}\upsilon \\ 0 & 0 \\ 0 & \eta^{\mathrm{CGH}}\upsilon + \eta^{\mathrm{B}}(1-\upsilon) \end{bmatrix}}_{C} \underbrace{\begin{bmatrix} P^{\mathrm{E}} \\ P^{\mathrm{G}} \end{bmatrix}}_{P} + \underbrace{\begin{bmatrix} 1 & -1 & -1 & 0 & 0 & 0 \\ 0 & 0 & \eta^{\mathrm{AIR}} & 0 & 0 & \eta^{\mathrm{ABS}} \\ 0 & 0 & 0 & 1 & -1 & -1 \end{bmatrix}}_{S} \underbrace{\begin{bmatrix} P^{\mathrm{OS}} \\ P^{\mathrm{IS}} \\ P^{\mathrm{AIR}} \\ H^{\mathrm{OS}} \\ H^{\mathrm{IS}} \\ H^{\mathrm{ABS}} \end{bmatrix}}_{E} \quad (2\text{-}27)$$

式中：η^{AIR}、η^{ABS} 分别为电制冷机将电能变冷能、热能变冷能的转换效率；P^{OS}、P^{IS} 分别为电储能的输出和输入；P^{AIR} 为输入至电制冷机的有功功率；H^{OS}、H^{IS} 分别为热储能的输出和输入；H^{ABS} 为吸收式制冷机输入功率。

得到能源集线器模型后，可根据系统内平衡约束、设备容量限制等进行进一步的计算分析。

2. 能量路由器

能量路由器是利用电力电子技术、通信互联网技术、无线充电技术和储能技术等设计而成的多端口设备，可以连接不同传输介质及不同运行环境的能源微网和广域能源网，在实现能量缓存、控制、整流和转发的基础上，实现了能源消纳、能量质量监控、能量流控制、无线充电、通信保障、故障隔离等功能，是支撑能源互联网建设的关键设备。其功能示意如图 2-30 所示。

根据目前在电网不同层面上的应用，能量路由器可分为以下三类：

（1）基于固态变压器（solid state transformer，SST）的能量路由器，可实现区域型中低压配网或微电网中的能量流在多种电能形式和电压等级之间的转换与控制。

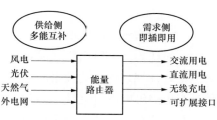

图 2-30 能量路由器功能示意

（2）基于多端口变换器（multi-port converter，MPC）的能量路由器，可实现户用、楼宇型低压配电系统中的能量转换与控制。

（3）基于电力线通信技术（power line communication，PLC）的能量路由器，通过对 PLC 技术的扩展，实现户用配电系统中基于电力线进行信息流和能量流的共线耦合传输与控制。

将多端口能量路由器接入光伏、储能单元，考虑主从控制和分层控制结合的协调控制方法，实现多目标协调工作时变换器间的协调控制，包括最大功率点追踪（maximum power point tracking，MPPT）、直流母线恒压控制（contant voltage control，CVC）和停机状态，如图 2-31 所示。

通过对上层调度和本地信息的汇总分析，中央管理层对系统的工作模式进行判断，向底层控制层发出运行控制指令（工作方式指令）；底层控制层根据收到的指令负责控制系统各变换器工作状态及并网开关投切，维持直流母线电压稳定。该控制方法中，不同工作模式下各变换器协调配合，母线电压保持稳定；中央控制层仅在系统模态需要切换

时向底层下发指令，对通信的依赖进一步降低；通信故障时，依靠变换器间的协调控制，系统仍能保持一段时间的相对稳定运行。

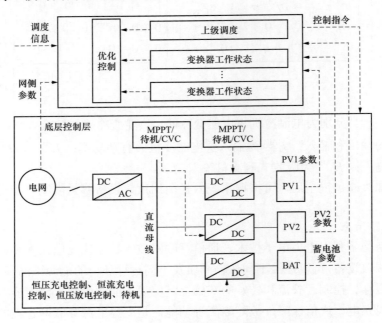

图 2-31　能量路由器分层控制结构

（二）综合能源系统多网联合

一般认为，多重网络在能量生产、输配、消费各个环节的耦合，通常能使联合规划获得比分开规划更好的效果。从其数学本质来看，与分开规划相比，联合规划的决策变量具有更高维度的可行域，因此往往能获得比分开规划更为合适的最优解。目前国内外关于综合能源系统的联合规划问题，研究比较多的有电网—气网联合规划、电网—热网联合规划、电网—热网—气网联合规划等，并出现了解决此问题的较为初级的规划与分析软件。同时，近年来热电联产装置、燃气轮机、电转气装置等耦合方式及储能技术的发展和利用，为综合能源系统规划带来了更大的优化空间。

1. 电网—气网联合

电网—气网综合能源系统（integrated electricity-gas system，IEGS）是目前综合能源系统研究中较为普遍的耦合方式。天然气系统（natural gas system，NGS）与电力系统存在一定的相似性。

（1）电—气区域级综合能源系统。针对稳态系统模型，可以配电系统（具有三相不平衡潮流特性）、配气系统（具有低压天然气网络特性）为主体且能源耦合密切的区域级综合能源系统为研究主体，建立电力—天然气区域综合能源系统的稳态模型为

$$\begin{cases} f_E(x_e, x_g, x_{eh}) = 0 \\ f_{NG}(x_e, x_g, x_{eh}) = 0 \\ f_{EN}(x_e, x_g, x_{eh}) = 0 \end{cases} \tag{2-28}$$

式中：3 个公式依次为电力系统方程、天然气系统方程与能源耦合环节的方程；x_e 表示功率、相角、电压幅值等电力系统变量；x_g 表示压力、流量等天然气系统变量；x_{ch} 表示功率转化因子等能源耦合环节变量。

能源系统之间的耦合关系直接表现在式（2-28）中某一能源系统的方程中存在着其他能源系统的运行变量。以电力系统为例，因存在燃气轮机、能源集线器等耦合组件，其运行状态受天然气系统的压力、流量等参量影响。

首先，借鉴电力系统较为成熟的稳态分析思路，对综合能源系统中的天然气环节进行通过非线性气流方程表述，算法上可采用牛顿—拉夫逊算法求解，类比见表 2-6，并以 EH 为核心建立电、气之间耦合环节模型。进一步，构建电力—天然气区域综合能源系统稳态分析综合求解模型。

表 2-6 电力系统与天然气系统比较

分 类	电 力 系 统	天 然 气 系 统
节点	平衡节点、PQ 节点、PV 节点	压力已知节点、流量已知节点
支路	含变压器支路、非变压器支路	含压缩机支路、非压缩机支路
网络描述关键要素	节点导纳矩阵	节点—支路关联矩阵
常见潮流求解办法	牛顿法、PQ 分解法	牛顿节点法、牛顿网孔法

天然气系统之间的能源传输会引起其气质的改变，同时随着电力转天然气等技术（power to gas，P2G）的逐步应用，会引起其气质及网络结构的改变。在此基础上，探究天然气系统网络状态改变（如天然气气质改变、负荷调节与引入注气点）对其自身及区域综合能源系统的影响。

（2）电—气综合能源系统跨区互联。多个电—气综合能源区域系统的跨区互联已成为现代能源互联网的典型特征，区域互联的优势在于可通过资源整合实现资源共享和风险分担，提高系统可靠性。多区互联 IEGS 可以根据地理位置、电压等级或市场规则划分为多个子系统，各区域系统可在存在少量信息交换的前提下分散自治运行。

以三区域互联系统为例，给出了分布式调度策略的整体框架结构，如图 2-32 所示。

在能量流层面，相邻区域间通过电力联络线和联络管道实现资源的跨区共享分配，区域内部通过能源耦合设备实现电力和天然气系统的多能耦合。各区域分别设有各自的区域调度中心管理自身设备和数据信息，对其辖区内的 IEGS 进行自治调度。

同时，文献建立集中式模型，并设计了多区

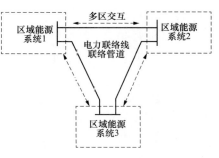

图 2-32 多区互联电—气综合能源系统的分散协调调度框架

多能流优化问题的分布式调度框架和区域解耦机制，各区域内自治决策本辖区内的调度计划，而联络通道上的电、气能量交换则通过区域间协同实现。在建模上提出了基于连续最优化算法的多能流严格凸化模型，在算法上采用了嵌套式的 ADMM 迭代式方法，通过这两方面保证了分布式算法对原非凸问题的收敛性。

2. 电网—热网联合

热网在传输过程中往往会有较大的能量损耗，传输距离不能过远，因此热力系统一般为区域级系统。另外，热电联产装置、燃气锅炉、热泵及储热装置的大量引入，为区域电网—热网的耦合、系统的灵活调控提供了条件。

（1）电—热区域综合能源系统。典型的电—热综合能源系统考虑了热网约束与电、热源结构的复杂性，利用热网提升系统可再生能源的消纳能力。电—热综合能源系统结构如图 2-33 所示，系统内各个单元通过热电联产机组和热泵设备实现能源耦合。

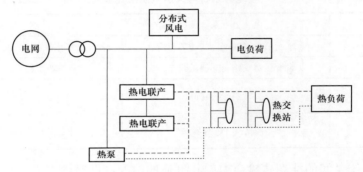

图 2-33　电—热综合能源系统基本结构

——— 电能转换；------- 供水管道；·········· 回水管道

热能具有传输损耗大、可有效存储的特性，与电能形成天然互补。在供热管道中，由于热水水温变化缓慢，具有一定的传输时延。同时，由于供热管道与环境温度存在差值，在流动过程中产生热量损失。

首先，对供热系统的热源、热交换站节点和一次管网进行数学建模，分析供热系统的热传输延时和热损耗等动态特性。然后，以电力系统网络约束、热力系统网络约束和耦合装置运行约束为约束条件，实现系统优化调度及可再生能源的消纳。

（2）电—热多区域协同。通过热网连接各区域综合能源系统，可实现区域间热能交互，如图 2-34 所示。多区域 CCHP（combined cooling, heating and power）系统具有多类型的终端用户，各类型用户冷、热、电负荷存在明显的峰谷交错现象，在实现区域间冷、热能交

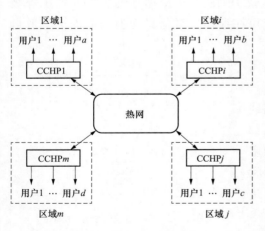

图 2-34　热网多区域综合能源系统结构

互时，各 CCHP 系统可协调出力，以避免机组容量浪费，从宏观区域角度实现能源的优化调度。

区域协同热网布置在各 CCHP 系统之间实现热能交互，属于"源—源"网。"源—源"网对传输安全可靠性要求较高，故网络结构采用环状热网形式。

根据热网结构，建立的简要热网模型包含热网节点热量平衡约束、热网热损约束，且运行时计及耗电输热费用，故在无弃热的情况下，热能传输总是选择热损最小的路径。其次结合热能交互功率平衡约束建立了区域 CCHP 系统协同规划模型。

3. 电网—气网—热网联合

中小型热电联产不仅具有发电功能，还可梯级利用剩余热量，具有能效高、排放低的特点。从电网—气网—热网系统工程发展的角度来说，目前我国近年来"煤改气"的锅炉改造已经完成，大大缓解了环境压力，也为实际中电网—气网—热网的联合规划与运行提供了条件。

考虑电网—气网—热网全面进行联合的复杂性，现阶段三网联合的研究多集中于潮流计算、最优潮流等基础问题，也有考虑三网联合的日前优化调度问题。

（1）电—气—热区域综合能源系统。多能流计算及互动分析是电—气—热综合能源系统的重要基础，混合能源网络建模涉及电网、天然气管网和热网三种能源网络模型的建立，其变量参数对比见表 2-7。

表 2-7　　　　　　　　　　　三种能源系统的变量参数对比

能流载体	节点变量	支路变量	能 流 定 律
电力能流	电压	电流	基尔霍夫电压定律、基尔霍夫电流定律、欧姆定律
天然气能流	管道压力	管道流量	管道压力降公式节点流量方程、环能量方程热能
热能能流	压力、温度	流量、热功率	管道压力损失方程节点流量方程、回路压力方程

有学者给出针对多能流计算的分解法和统一法的求解框架和求解方法。考虑扰动发生后的过渡过程和多时间尺度特性，将综合能源系统交互过程划分为 4 个准稳态阶段，分析基于准稳态多能流的交互作用，以电网支路开断为扰动，对系统进行分析，验证了所提算法和准稳态分析的有效性，如图 2-35 所示。

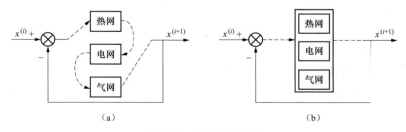

图 2-35　算法求解框架
（a）分解法；（b）统一法

有学者从电—气—热系统耦合关系的角度，提出了一种适用于含电、气、热网络的大规模综合能源系统电—气—热多能潮流计算方法。

以一种小型的综合能源系统为例，该系统由热电联产装置和燃气锅炉组成。该系统的输入能量类型为天然气，输出能量类型为电能和热能。系统中包含 2 条能量母线、2 个转换环节及 7 条能量流支路。

建立了基于通用能量母线模型的 IES 耦合环节数学表达式。在此基础上，采用牛顿—拉夫逊算法对大规模综合能源系统多能潮流计算模型进行解耦求解。采用解耦计算方法可以用较快的速度实现对系统多能潮流的求解。

（2）电—气—热综合能源系统跨区互联。考虑多个能源站接入电、气、热综合能源系统的调度问题，典型的调度框架如图 2-36 所示。

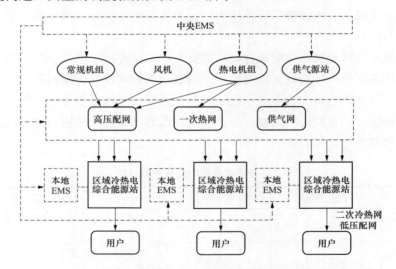

图 2-36　多个能源站接入电—气—热综合能源系统分布式调度框架

各个能源站向上接入高压配电网、一次热网和供气网。其中高压配电网区内常规、热电机组和外部电网联络线共同供电。在集中供热系统中，为简化热网运行调节工况，保证热网不产生水力、热力失调，一次热网在一般运行时会保持放射式供热结构，即通过开闭阀门将网状热网分成多各放射状子网，由单个热源负责一片热网的供热。供气系统包括气源、压缩机的调度，城市气网一般也是放射状结构。

根据图 2-36 提出的分布式调度框架，针对广域综合能源系统多主体自治、多可调设备的特点，基于目标级联分析法实现了供需协调的分布式区间调度，并分析了系统的多能调度运行区间和不确定情况下的备用调度情况。

三、输配端综合能源服务系统建模及优化运行策略

早期的协同管理对象都是电力系统，尚未扩展到多能领域。近年来，为了支撑新一代综合能源系统的变革，亟需将能量协同管理的对象由纯电变革为电、热、冷、气、交通等综合能源系统，发展新一代多能流综合能量管理系统（integrated energy management system, IEMS），进一步实现多能流系统的协同，对多能流进行在线实时分析、优化和控

制。通过多能协同优化，在保障安全供能的前提下，提高综合能效，降低用能成本；通过在互补的多能系统中挖掘新的灵活性资源，增强可再生能源的消纳能力。

（一）综合能源系统中能路系统建模

各个能源网络的建模和分析是综合能源系统的规划和运行的基础。电力网络的分析已经相对成熟，而供热网络与天然气网络的分析尚未形成与之统一的成熟理论。有研究者将电力网络从"场"到"路"的推演方法论，应用于指导其他能源网络的分析，提出了直观的统一能路模型。

1. 天然气网络气路模型

表 2-8 将气路与电路比拟，并抽象出气阻 R_g、气感 L_g、气容 C_g 及受控气压源 k_g 等气路元件。R_g 表示管道对天然气流动的摩擦作用；L_g 表示天然气流动在管道中的惯性；C_g 表示天然气管道的"管存"效应，体现了天然气的可压缩性；k_g 表示管道倾角与流速变化对管道摩擦的修正作用。

表 2-8   气 路 与 电 路 比 拟

类型	电 路			气 路	
势	电压		U	气压	P
流	电流		I	气流	G
阻	电阻		$U = RI$	气阻	$P = R_g G$
感	电感		$U = L \cdot \mathrm{d}I/\mathrm{d}t$	气感	$P = L_g \cdot \mathrm{d}G/\mathrm{d}t$
容	电容		$I = C \cdot \mathrm{d}U/\mathrm{d}t$	气容	$G = C_g \cdot \mathrm{d}P/\mathrm{d}t$

综上所述，$\mathrm{d}x$ 长度的天然气管道可以用一段包括 4 个元件的气路表示，如图 2-37 所示。

2. 供热网络模型

供热网络中水力过程与热力过程之间存在单向耦合，即水力过程会影响热力过程，而热力过程不会影响水力过程。

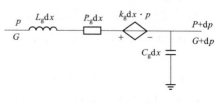

图 2-37 天然气管道的分布参数气路

（1）水力模型。表 2-9 将水路与电路比拟，并抽象出水阻 R_h、水感 L_h 和水压源 E_h 等水路元件。R_h 表示管道对水流的摩擦作用；L_h 表示管道对水流的续流作用，体现了水流的惯性；E_h 表示管道倾角与流速变化对压力损失的修正作用。

表 2-9   水 路 与 电 路 比 拟

类型	电 路			水 路	
势	电压		U	水压	P
流	电流		I	水流	G
阻	电阻		$U = RI$	水阻	$P = R_h G$
感	电感		$U = L \cdot \mathrm{d}I/\mathrm{d}t$	水感	$P = L_h \cdot \mathrm{d}G/\mathrm{d}t$

图 2-38　水管道的分布参数水路

（2）热力模型。同理，抽象出热阻 R_t、热导 L_t、热容 C_t 等，热路与电路比拟见表 2-10。

综上所述，dx 长度的水管道可以用一段包括 3 个元件的水路表示，如图 2-38 所示。

表 2-10　　　　　　　　　　　　热 路 与 电 路 比 拟

类型	电路			热路		
势	电压	U		温度	T	
流	电流	I		热流	h	
阻	电阻	$U = RI$		热阻	$T = R_t h$	
导	电导	$I = gU$		热导	$h = g_t T$	
感	电感	$U = L \cdot dI/dt$		热感	$T = L_t \cdot dh/dt$	
容	电容	$I = C \cdot dU/dt$		热容	$h = C_t \cdot dT/dt$	

需要指出的是，上述阻、导、感、容元件是刻画热流在迁移过程中发生的热损与时延等物理现象而引入的数学表征，并非真实的阻抗。

综上所述，dx 长度的水管道可以用一段包括 4 个元件的热路表示，如图 2-39 所示。

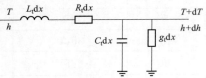

图 2-39　水管道的分布参数热路

（二）区域电力—天然气—热力系统能量流优化

区域综合能源系统是电、热、气三种能源通过综合能源系统设备耦合起来的复杂网络，三种能源互相影响。区域电力系统、区域天然气系统及区域热力系统能源耦合愈发紧密，形成了区域电力—天然气—热力综合能源系统（regional electricity-gas-heat system，REGHS）。

1．区域电力—天然气—热力系统稳态能量流优化

对以区域混合能源站为核心的能源耦合环节进行分析，形成 REGHS 能量流综合求解模型。以经济最优为目标，通过设置合理的运行约束，对 REGHS 能量流进行优化，为能源供应方案的优选提供了一定的理论根据，可引导用户合理、经济用能。

（1）配电系统。对 REGHS 中的配电系统（electric power distribution system，EPS）进行分析时，需考虑以下多方面非电环节的影响。

$$\begin{cases} P_i^p = V_i^p \sum_{k=1}^{N} \sum_{m \in (a,b,c)} V_k^m (G_{ik}^{pm} \cos \theta_{ik}^{pm} + B_{ik}^{pm} \sin \theta_{ik}^{pm}) \\ Q_i^p = V_i^p \sum_{k=1}^{N} \sum_{m \in (a,b,c)} V_k^m (G_{ik}^{pm} \sin \theta_{ik}^{pm} - B_{ik}^{pm} \cos \theta_{ik}^{pm}) \end{cases}$$

（2-29）

式中：V_i^p 为 i 节点 p 相的电压；P_i^p 和 Q_i^p 分别为 i 节点 p 相的有功、无功净负荷；N 为节点数；θ_{ik}^{pm} 为 i 与 k 节点的 p 相与 m 相相角差；G 和 B 分别为电导和电纳。

（2）配气系统。配气系统（natural gas distribution system，NGS）的主要任务是将来自气源或输气系统的天然气输送、分配至用户。伴随着能源耦合形式的增加，配气系统

与其他能源系统的能量交互程度逐渐加深。

天然气在传输与使用过程中的能量平衡关系表示为

$$A_{NGS} f + \omega = 0 \qquad (2\text{-}30)$$

式中：A_{NGS} 为 NGS 中节点和管道的关联矩阵；f 为 NGS 中天然气管道流量向量；ω 为 NGS 中节点净负荷向量。

（3）区域热力系统。区域热力系统（district heating system，DHS）通过供水管道和回水管道连接热源与用户。供热管道水头损失向量、质量流率及每个供热节点的供水温度、回水温度往往是 DHS 能量流求解的关键变量，其求解模型可分为水力模型和热力模型两部分。

1）水力模型表示为

$$A_{DHS} \dot{m} = \dot{m}_q \qquad (2\text{-}31)$$

式中：A_{DHS} 为 DHS 中节点和管道的关联矩阵；$\dot{m}$ 为管道的水流质量流率；$\dot{m}_q$ 为节点的注入水流质量流率。

2）热力模型。DHS 热力求解部分主要涉及以下三种温度：供水温度 T_s（从热网进入各热负荷节点时的温度）、出水温度 T_o（各热负荷节点出水温度）及回水温度 T_r（多个节点的出水混合到回水管道时的温度）。各节点热功率表示为

$$\phi = C_p \dot{m}_q (T_s - T_o) \qquad (2\text{-}32)$$

式中：ϕ 为热负荷所消耗的热功率；C_p 为水的比热；$\dot{m}_q$ 为注入每个节点的质量流率。

（4）能源耦合组件，主要包含电力电子转换器（power electronic converter，PEC）、CHP、燃气锅炉（furnace，F）、空调系统（air conditioner，AC）、热交换器（heat exchanger，HE）等供能组件，可实现对多种负荷的灵活供应，如图 2-40 所示。

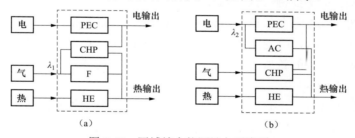

图 2-40　区域综合能源站主要类型

（a）类型 A；（b）类型 B

根据系统模型对 REGHS 进行能量流求解。在 REGHS 的解耦混合能量流算法基础上，以经济性最优为目标进行能量流优化求解框架。在一定的运行约束范围内，HES 能够通过自身运行方式的调整，实现 REGHS 的最优调度及相关能量流的最优分配。

REGHS 中能源耦合形式多样性的增加，提高了其供能的灵活性，通过能源转换与分配可实现能源调度方案的优选，为 REGHS 能量调度提供一定的理论支撑。对 REGHS 能量流的优化可有效减少能源系统总供能成本，同时，通过设置合理的优化约束，可使 REGHS 处于安全稳定状态，而不违反相关运行约束。

2. 区域电力—天然气—热力系统动态优化

根据地理因素与能源发、输、配、用特性，针对区域级电—气—热综合能源系统进行了能量流优化分析。然而，目前多数的研究方向主要停留在稳态分析层面，并没有考虑电、热、天然气三者传输速度的差异，即网络动态特性对系统的影响。这种稳态能量流分析适用于在较小区域内的建模分析，此时网络动态特性对系统运行的影响较小。而当系统规模较大时，需要进一步对探索耦合系统动态特性进行研究。

不同能流系统具有显著不同的动态过程。电力系统传输速度很快、惯性最小，电能难以存储；而气、热系统的传输则较慢、惯性较大，其延时效应可等效为系统的储能。

热网的动态特性主要体现在热水传输时的时间延迟及温度损耗。一方面，由于热水传输速度较为缓慢，入口处的温度变化缓慢地扩散到出口，因此一部分热能将储存在热水管道中。另一方面，由于热水与其周围环境温度的差异，在其流动期间将发生热损失，导致温度下降。

气网动态特性是指由于天然气传输速度较慢，且具有压缩性，管道首端天然气注入流量往往与末端输出流量不同，首末端相差的天然气流量短暂地储存在管道中，称之为"管存"。管存的作用类似于电力系统中的备用，可缓冲天然气负荷的波动，是保证天然气可靠供应的关键因素。

综上所述，当网络规模较大时，可以利用热水管道与天然气管道的惯性提供的储能容量，来对负荷进行平移或削峰填谷，进而提升系统运行的灵活性。

第三节　需求端综合能源服务系统

一、需求端综合能源服务业务概况

随着需求端能源技术变革和信息通信技术的快速发展和推广应用，使终端用户能够通过优化能源供应结构，改变能源消费方式，达到经济、环保、安全等综合最优目标，催生了用户对能源服务的新需求，扩大了能源服务的新内涵，推动传统能源服务逐渐向综合能源服务转变。

综合能源服务具有用户需求多、项目点多且面广、技术类别复杂、服务模式多元化等特点。因此，综合能源服务应充分结合不同用户的需求，通过为用户提供多种形式的服务来获得收益，以下为需求端综合能源服务中所包含的业务。

（一）能源整体解决方案

能源整体解决方案即为终端用户提供电、气、热、冷等所有解决方案，包含能源的生产或采购、相关线路和管网的运行维护、智慧用能管理等，涵盖从规划设计、建设施工到运行维护，再到评价评估的全流程服务。

当前，随着"互联网+"智慧能源的发展，为综合能源服务提供了完整的解决方案，运用云计算、大数据、物联网、移动互联网、人工智能等新型手段，促进能源流与信息流的深度融合，实现能源互联网的实时感知和信息反馈，为用户经营发展、能源供给和消费提供有效的决策支撑服务。

（二）分布式能源服务

分布式能源指分布在用户侧的能源综合利用系统，包括燃气轮机、内燃机、溴化锂机组、太阳能光伏和燃料电池等，具有体积小、可扩展性高和位于需求点附近等优点。分布式能源服务即以冷、热、电三联供等方式，在负荷中心就近实现对多种用户的能源供应。

（三）综合能效服务

综合能效服务包括能源诊断、用能监测、用能评估、节能改造等方面的服务。聚焦在工业、建筑、交通等行业已经建成的项目，为用户提供用能结构的优化方案，并提供能效提升解决方案。

为更好地实现综合能效服务，可以应用能效管理平台对能源系统运行状态进行监测、优化和管理，实现对能源的可测、可控、可评价及综合分析。用户能效管理平台是一个涵盖领域广泛的综合性系统，涉及智能化、工业自动化、数据采集分析等多个技术领域。能效管理实施的最终目的是通过智能化系统集成来实现对既有能源消耗的改善和节约。

（四）能源金融服务

能源金融服务包括项目投资、设备租赁、融资、工程或设备保险、资产证券化等业务。

（五）设备销售及工程运维服务

设备销售及工程运维服务是指对不同的用户提供相关设备的销售，以及对用户自建能源站运行维护服务等。

二、不同业态的需求端综合能源服务系统

不同业态的需求端综合能源服务系统的组成和服务方案有一定差异，以下从学校、城市综合体、医院、交通枢纽、工业企业等几个业态，简要介绍需求端综合能源服务系统。

（一）学校综合能源服务系统

1. 用能需求特点

学校的综合能源服务系统用能需求的主要特征包括：

（1）短时间尺度上负荷需求集中且明确。学校日常活动具有计划性，因而能源系统具有明确的日内运行规律，负荷需求集中明确。

（2）长时间尺度上负荷需求具有阶段性和间歇性。学校年内具有明确的寒暑假周期特性，因而长时间尺度上具有阶段性和间歇性。

（3）北方学校负荷具有季节差异性。由于季节更替特点，北方各类学校负荷具有明显的季节差异性。冬季有采暖需求，夏季有供冷需求。

（4）热水及餐饮用能需求。除采暖需求外，学校普遍具有饮用热水需求，同时住宿制中小学和大学还具有生活热水需求。此外，学校食堂还有一定的热水用能需求。

（5）环境控制需求。学校部分负荷具有相对较高的环境控制需求，例如图书馆和体育馆都具有一定的光线和温度控制需求，也具有一定的调控和响应能力。

2. 服务方案特点

针对学校用户提出的综合能源服务系统具有以下特点：

（1）为学校重要设施提供可靠的供电保障，避免断电、离网对数据存储、安全监控、科学研究等服务的影响。

（2）采用多能互补技术，促进可再生能源消纳水平、提高综合能源利用效率和运营经济性。

（3）与绿色校园、可持续校园相结合，全面提升节约型校园管理水平，采用节能和环保技术，保持环境洁净，降低碳和污染物的排放。

（4）对于新建学校和在运学校，采用差异化的综合能源服务系统，从而降低建设及改造成本，提高能效。

（5）在保证用能安全的条件下，形成一套数字化、网络化、智能化的绿色能源供应和管理系统。

3. 服务方案

学校综合能源服务方案见表 2-11。

表 2-11　　　　　　　　　　　　学校综合能源服务方案

服务方案	适用场景	优　点
水源、地源、空气源热泵系统+蓄冷空调系统+分布式光伏发电系统+电动汽车充电系统	适用于有集中大规模供热、供冷需求的学校	应用热泵系统，提高了综合能源利用效率，具有较好节能效果；装设蓄冷空调，充分利用峰谷电差价，具备良好经济性
碳晶电采暖系统+蓄冷空调系统+分布式光伏发电系统+电动汽车充电系统	适用于有集中大规模供冷需求和一定供热需求的学校	应用电热转换效率较高的碳晶电采暖技术，提高用户用能体验和舒适度；装设蓄冷空调，充分利用峰谷电差价，具有良好经济性
蓄热式电锅炉系统+蓄冷空调系统+分布式光伏发电系统+电动汽车充电系统	适用于有集中大规模供冷需求和一定供热需求的学校	装设蓄冷空调和蓄热式电锅炉，充分利用峰谷电差价，具有良好经济性
燃气锅炉系统+蓄冷空调系统+分布式光伏发电系统+电动汽车充电系统	适用于有集中大规模供冷需求和一定供热需求的学校	装设蓄冷空调，充分利用峰谷电差价，具有良好经济性。燃气锅炉季节适应性更好，适合北方寒冷地区冬季供暖

注　1. 对于无供冷需求的学校，可取消蓄冷空调的配置。

　　2. 光伏发电系统和电动汽车充电系统可以依据当地具体条件选配。

（二）城市综合体综合能源服务系统

城市综合体是以建筑群为基础，融合商业零售、商务办公、酒店餐饮、公寓住宅、综合娱乐五大核心功能于一体的"城中之城"（功能聚合、土地集约的城市经济聚集体）。但是随着时代的进步，越来越多源于城市综合体运作模式的综合体建筑不断演化出来，它们的功能比狭义意义上的城市综合体少，根据不同功能的侧重有不同的称号，但是可以都属于城市综合体。例如：①商务综合体，一般是中央商务区，以酒店和写字楼为主导；②商业综合体，为区域中心，以购物中心为主导；③生活综合体，包括郊区和新城，居住比例高于 30%；④单一综合体，一种为无住宅、公寓的

纯综合体，另一种为单栋建筑且具备多种功能；⑤综合体集群，为一个以上的综合体复合体或商圈。

1. 用能需求特点

城市综合体的用能需求特点通常来说有以下几点：

（1）负荷需求集中且用能时间具有规律性。由于营业时间及用能习惯限制，城市综合体的负荷具有明显的峰谷特性。节假日负荷与平日负荷的峰谷特性具有明显的差别。

（2）北方城市综合体的负荷需求具有季节性差异性。由于气候原因，冬季有采暖需求，夏季有供冷需求。

（3）一般具有饮用热水，生活热水需求。

（4）环境控制需求，如高端商场、写字楼等城市综合体对环境温度和光线有一定的精细调控需求。

（5）餐饮用能需求。一般具有餐饮用气、用电等负荷需求。

2. 服务方案特点

（1）采用多能互补技术，能源供应协调有序，安全稳定，保障用户用能品质，满足城市综合体对于高品质能源的需求。

（2）采用节能和环保供能技术，实现清洁环保、无噪声污染，满足高端商业或者城市综合体对于环境的要求。

（3）充分利用供能时间区间的规律性，实现峰谷套利，节约费用支出，实现城市综合体经济用能。

3. 服务方案

城市综合体综合能源服务方案见表2-12。

表 2-12   城市综合体综合能源服务方案

服务方案	适用场景	优点
水源、地源、空气源热泵系统+蓄热式电锅炉系统+蓄冷空调系统+分布式光伏发电系统+电动汽车充电系统	适用于有集中大规模供热、供冷需求的城市综合体	应用热泵技术，提高了综合能源利用效率，具有较好节能效果；装设蓄冷空调和蓄热式电锅炉，充分利用峰谷电差价，具备良好经济性
冷热电三联供系统+分布式光伏发电系统+电动汽车充电系统	适用于有集中大规模供热、供冷需求的城市综合体	应用冷热电三联供系统可以实现一次能源的高效梯级利用，提高系统能源的综合利用效率

注   光伏发电系统和电动汽车充电系统可以依据当地具体条件选配。

（三）医院综合能源服务系统

1. 用能需求特点

（1）电能质量要求高，供能品质要求高。

（2）用能密度高，24h 不间断供能。

（3）北方地区医院的负荷需求具有季节性差异。由于气候原因，冬季有采暖需求，夏季有供冷需求。

（4）一般具有饮用热水、生活热水需求。

（5）环境控制需求。住院部、化验室、手术室等场所对环境温度和光线有精细调控需求。

（6）餐饮用能需求。一般具有餐饮用气、用电等负荷需求。

（7）除常规用能需求外，还需提供消毒蒸汽。

2. 服务方案特点

（1）通过多能互补和节能技术，提高医院综合能源使用效率，降低服务成本，扩大市场竞争力。

（2）应用分布式电源，满足种类繁多的设备和用电需求，增强电力供应的安全性和可靠性。

（3）应用绿色环保产能技术，满足医院对环境的高品质要求，绿色环保。

3. 服务方案梳理

医院综合能源服务方案见表 2-13。

表 2-13　　　　　　　　　　　医院综合能源服务方案

服务方案	适用场景	优　点
水源、地源、空气源热泵系统+蓄热电锅炉系统+蓄冷空调系统+储能系统+分布式光伏发电系统+电动汽车充电系统	适用于有集中大规模供热、供冷需求，且需要不间断供电的医院	应用热泵系统，提高了综合能源利用效率，具有较好节能效果；装设蓄冷空调，充分利用峰谷电差价，具备良好经济性；储能系统与不间断电源相连，保障医院供电不断
燃气锅炉系统+蓄冷空调系统+储能系统+分布式光伏发电系统+电动汽车充电系统	适用于有集中大规模供冷需求和一定供热需求，且需要不间断供电的医院	应用电热转换效率较高的碳晶电采暖技术，提高用户用能体验和舒适度；装设蓄冷空调，充分利用峰谷电差价，具有良好经济性；燃气锅炉季节适应性更好，适合北方寒冷地区冬季供暖

注　光伏发电系统和电动汽车充电系统可以依据当地具体条件选配。

（四）交通枢纽综合能源服务系统

交通枢纽综合能源服务系统主要是面向飞机场、航站楼、火车站的综合能源服务系统。

1. 用能需求特点

（1）用能稳定性要求高。

（2）南北地区的交通枢纽负荷需求具有季节性差异。由于气候原因，冬季有采暖需求，夏季有供冷需求。

（3）大型交通枢纽负荷需求量大，需要多种供能方式相配合。

（4）能源需求在时间上有规律性，早晚有明显差异。

2. 服务方案特点

（1）安全可靠性高。机场、火车站等交通枢纽，人员密集，多种交通方式汇集，是城市的交通命脉，必须保证能源的安全、可靠、稳定供应。

（2）应用多能互补技术。既有传统能源，也有可再生能源；既有市政电网供电，也

有自建分布式能源站供电。当某种能源供应方式出现故障时，其他能源方式可以保证重要负荷用户的需求，从而实现能源供应的安全性和经济性的平衡管理。

（3）提高能源利用率。通过采用多种节能新技术，如冷热电三联供、空气源热泵技术、烟气余热回收技术等提高能源的利用效率。

（4）在设计服务方案时，应充分考虑经济可持续性，尽可能采用运营成本较低的能源方式，保证项目的运行经济可持续。

3. 服务方案

交通枢纽综合能源服务方案见表2-14。

表 2-14　　　　　　　　　　交通枢纽综合能源服务方案

服务方案	适用场景	优　点
冷热电三联供系统+水源、地源、空气源热泵系统+蓄热式电锅炉+冷水机组+分布式光伏发电系统+电动汽车充电系统	适用于有大规模供热、供冷需求，以及大量电力需求的大型交通枢纽	应用冷热电三联供系统实现一次能源的高效梯级利用；应用热泵系统，提高了综合能源利用效率，具有较好节能效果；装设蓄热式电锅炉，充分利用峰谷电差价，具备良好经济性
燃气锅炉系统+水源、地源、空气源热泵系统+蓄热式电锅炉+蓄冷式空调+分布式光伏发电系统+电动汽车充电系统	适用于有集中大规模供冷需求，一定供热需求，且有余热余压资源的园区	应用环境热源和工业余热的热泵系统，充分利用可再生资源提高了综合能源利用效率；装设蓄冷式空调和蓄热式电锅炉，充分利用峰谷电差价，具备良好经济性

注　光伏发电系统和电动汽车充电系统可以依据当地具体条件选配。

（五）工业企业综合能源服务系统

1. 用能需求特点

（1）工业生产一般负荷需求高、用能质量要求高，由于生产工艺需要，负荷具有一定的周期性和规律性。

（2）为适应工业自动化及节能减排要求，工业企业大的冷、热负荷有电能替代要求。

（3）除工业生产负荷外，办公区、生活区一般具有冷、热负荷及生活热水负荷需求。

（4）核心工业生产负荷、实验室等场所具有环境控制需求。

（5）作为产业单位，工业企业具有能效提升、节能降耗需求。改进工业企业的生产工艺和能源梯级利用是其能效提升和节能的重要途径。

（6）特殊产业具有工业生产用热、蒸汽需求。

（7）工业企业电力需求量大，具有市场化的购电需求。

2. 服务方案特点

（1）通过多能互补、能源调配，提升能源设备效率，实现节能降耗的需求。

（2）按峰谷套利，同时对质量和成本进行有效控制，实现效益最大化。

（3）提高电能质量，有利于风、光等清洁能源的消纳，低碳环保。

（4）采用节能技术，提高工业企业整体能源利用效率，提高能源供给经济性。

3. 服务方案

工业企业综合能源服务方案见表2-15。

表 2-15 　　　　　　　　　　　工业企业综合能源服务方案

服务方案	适用场景	优点
水源、地源、空气源热泵系统+工业余热热泵系统+蓄热式电锅炉+蓄冷式空调+分布式光伏发电系统+电动汽车充电系统	适用于有集中大规模供热、供冷需求，且有余热余压资源的工业企业	应用环境热源和工业余热的热泵系统，提高了综合能源利用效率，具有较好节能效果；装设蓄冷空调和蓄热式锅炉，充分利用峰谷电差价，具备良好经济性
余热锅炉+工业余热热泵+蓄冷式空调+分布式光伏发电系统+电动汽车充电系统	适用于有一定供冷需求和大量余热余压资源的工业企业	应用余热锅炉系统和余热热泵可以最大限度地利用余热余压，提高企业整体资源利用水平；装设蓄冷空调，充分利用峰谷电差价，具有良好经济性
冷热电三联供系统+蓄热式电锅炉+蓄冷式空调+分布式光伏发电系统+电动汽车充电系统	适用于有集中大规模供冷、供热需求和大量电力需求的工业企业	应用冷热电三联供系统实现一次能源的高效梯级利用；装设蓄冷空调和蓄热式电锅炉，充分利用峰谷电差价，具备良好经济性

注 光伏发电系统和电动汽车充电系统可以依据当地具体条件选配。

三、需求端综合能源服务系统的关键技术

（一）建筑节能技术

建筑节能技术是指在进行建筑设计时遵循因地制宜的原则，综合考虑我国各地的气候特点、地理环境、自然资源等因素，采用适宜的外墙外保温体系、遮阳系统、外窗保温隔热系统、自然通风系统、自然采光、太阳能与建筑物一体化、地源热泵空调、中水回用、绿色建材和智能控制等技术，经过筛选、优化、集成，形成具有地域特色的建筑节能技术体系，具有选址规划合理、资源利用高效循环、节能措施综合有效、建筑环境健康舒适、废物排放减量无害、建筑功能灵活适宜等特点，下面从建筑耗能的大户——空调系统和照明系统两方面来具体介绍。

1. 空调系统

目前，国内的中央空调系统由于没有先进的技术手段支持，基本上都采用传统的定流量控制方式，即空调冷冻水流量、冷却水流量和冷却风风量都是恒定的。也就是说，只要启动空调主机，冷冻水泵、冷却水泵、冷却塔风机、末端风机都在 50Hz 工频状态下运行。

定流量控制方式的特征是系统的循环水量保持定值不变，当负荷变化时，通过改变供水或回水温度来匹配。定流量供水方式的优点是系统简单，不需要复杂的自控设备。但这种控制方式存在以下问题：

（1）无论末端负荷大小如何变化，空调系统均在设计的额定状态下运行，系统能耗始终处于设计的最大值，能源浪费很大。实际上由于受多种因素不断变化的影响，中央空调系统的负荷始终是一个变量。

空调负荷的这种不恒定性，决定了系统对空调冷量的需求也是一个随机变化的量。若不论空调负荷大小如何变化，系统都在设计的额定状态下运行，势必造成大量的能源浪费。

（2）舒适性中央空调系统是一个多参量、非线性、时变性的复杂系统，由于末端负荷的频繁波动，必然造成系统循环溶液（冷冻水、冷却水、制冷剂溶液）的运行参量偏离空调主机的最佳工作状态，导致主机热转换效率（COP 值）降低，系统长期在低效率状态下运行，也会增加系统的能源消耗。

（3）在工频状态下启停大功率水泵和风机，冲击电流大，不利于电网的安全运行，且水泵、风机等机电设备长期在工频额定状态下高速运行，机械磨损严重，导致设备故障增加和使用寿命缩短。

提高空调能源利用效率，可通过改善以下几个方面来提高空调能源利用效率：

（1）改善建筑的隔热性能。房间内冷量的损失是通过房间的墙体、门窗等传递出去的。改善建筑的隔热性能可以直接有效地减少建筑物的冷负荷。改善建筑的隔热性能可以从以下几个方面着手：①确定合适的窗墙面积比例；②合理设计窗户遮阳；③充分利用保温隔热性能好的玻璃窗；④单层玻璃采用贴膜技术等。

（2）选择合理的室内参数。人体感觉舒适的室内空气参数区域：温度 13～23℃，相对湿度 20%～80%。如果设计温度太低，会增加建筑的冷负荷。在满足舒适要求的条件下，要尽量提高室内设计温度和相对湿度。

在发热量比较大的局部热源附近设置局部排风机，将设备散热量直接排出室外，以减少夏季的冷负荷。由于新风负荷占建筑物总负荷的 20%～30%，控制和正确使用新风量是空调系统最有效的节能措施之一。除了严格控制新风量的大小之外，还要合理利用新风。

（3）提高冷源效率，可采取以下一些措施：

1）降低冷凝温度。由于冷却水温度越低，冷凝温度越低，冷机的制冷系数越高。降低冷却水温度需要加强运行管理，冷却塔、冷凝器使用一段时间后应及时检修清洗。

风冷主机应尽量安装在通风性能良好的场所，或增加排风机将冷凝废热抽到室外，或增加喷淋装置实现部分水冷效果。

2）提高蒸发温度。由于冷冻水温度越高，蒸发温度越高，冷机的制冷效率越高，所以在日常运行中不要盲目降低冷冻水温度。注意清洗蒸发器，以保持高的热转换系数。

3）优选制冷设备。要选用能效比高的制冷设备，不但要注意设计工况下制冷设备能量特性，还要注意部分负荷工况下的能量特性，选用时要统筹考虑。

4）利用自然冷源。比较常见的自然冷源主要有两种：一种是地下水源及土壤源；另一种是春冬季的室外冷空气。地下水及地下土壤常年保持在 20℃左右的温度，所以地下水可在夏季作为冷却水为空调系统提供冷量，也就是地温式空调的使用。春冬季的室外冷空气也是较好的自然冷源。当室外空气温度较低时，可以直接将室外低温空气送至室内，为室内降温。对于全新风系统而言，排风的温度、湿度参数是室内的空调设计参数，通过全热交换器，将排风的冷量传递给新风，可以回收排风冷量的 70%～80%，有明显的节能作用。

（4）减少水系统泵机的电耗。空调系统中的水泵耗电量也非常大，占建筑总耗电量的 8%～16%，占空调系统耗电量的 15%～30%。因此，水泵节能非常重要，节能潜力较

大。减少空调水泵电耗方式有以下几种：

1）减小阀门、过滤网阻力。阀门和过滤器是空调水管路系统中主要的阻力部件。在空调系统的运行管理过程中，要定期清洗过滤器，如果过滤器被沉淀物堵塞，空调循环水流经过滤器的阻力会增加数倍。

阀门是调节管路阻力特性的主要部件，不同支路阻力不平衡时主要靠调节阀门开度来使各支路阻力平衡，以保证各个支路的水流量满足需要。由于阀门的阻力会增加水泵的扬程和电耗，所以应尽量避免使用阀门调节阻力。

2）提高水泵效率。水泵效率是指由原动机传到泵轴上的功率被流体利用的程度。水泵的效率随水泵工作状态点的不同从 0～最大效率（一般 80%左右）变化。同等用水量的前提下，水泵的效率越低，就需要较大的输入功率，水泵的能耗就会越大。因此，空调系统设计时要选择型号规格合适的水泵，使其工作在高效率状态点。空调系统运行管理时，也要注意让水泵工作在高效率状态点。

3）设定合适的空调系统水流量。空调系统的水流量是由空调冷负荷和空调水供回水温差决定的，空调水供回水温差越大，空调水流量越小，从而水泵的耗电量越小。但是空调水流量减少，流经制冷机的蒸发器时流速降低，引起换热系数降低，需要的换热面积增大，金属耗量增大。所以经过技术经济比较，空调冷冻水的供回水温差在 4～6℃范围内较为经济合理。大多数空调系统都按 5℃的冷冻冷却供回水温差工况设计。

空调循环水泵的耗电量跟流量的 3 次方成正比。实际工程中有很多空调系统的供回水温差只有 2～3℃，如果将供回水温差提高到 5℃，水流量将减少到原来的 50%左右。若水流量减少 50%，水泵耗电量将减少 87.5%，节能效果非常明显。

2. 照明系统

（1）促进电气照明设备节电的因素包括：①提高灯的效率；②减少照明时间；③适当降低照度；④减少灯数；⑤提高利用系数；⑥提高维护系数。

（2）保证电气照明设备经济运行的措施包括以下几方面。

1）提高灯的效率的措施：①采用高效光源；②采用低损耗镇流器；③采用晶闸管调光器。

2）减少照明时间的措施：①合理设计照明控制系统；②加强管理，随手关灯；③室外照明系统采用光电控制器，楼道、走廊照明可采用光控、声控或延时自停开关。

3）提高维护系数的措施：①采用效率逐年降低比例较小的照明灯具；②定期清扫灯具，保持照明的高效率；③定期更换灯泡；④定期维修室内表面，提高反射率。

（二）工业节能技术

1. 空气压缩机系统

压缩空气是仅次于电力的普及能源之一，是流程工业中应用最为广泛的第四大能源。空气压缩系统电能消耗占工业能耗的 8%～10%，其节能工作亟待高效开展。大量的数据表明，空气压缩机系统的主要费用都耗费在运行环节上，在其生命周期中，运行费用占据的比例高达 70%～80%，节能潜力巨大。可以采取的节能技术手段如下：

（1）主机高效化技术。通过在线测量手段，分析空气压缩机的运行效率，将效率低

的空气压缩机更换成高效空气压缩机。同时结合局部增压技术和高效分级技术，实现主机高效化。

（2）高效分级输送技术。根据用户压力需求，合理规划输送管网的压力等级。通过铺设不同压力等级的管网，来实现压缩空气的高效分级输配。管网压力每降低 $0.1\mu Pa$，系统能效提升 3%～8%。

（3）空气压缩机变频优化控制技术。通过变频调速手段来调整空气压缩机的产气量，使得产气量和用气量相匹配，最大限度降低空气压缩机的卸载。变频调速可将空气压缩机的出口压力稳定在给定值附近，避免管网压力过大而造成空气压缩机效率降低和管网泄漏增大等问题。

（4）空气压缩机智能群控技术。通过配置完善的传感器网络系统，在线采集压缩空气的压力、流量、温度、露点、压缩机功率和电机频率等各项运转数据，并通过空气压缩机优化调度算法，实现压缩机组的节能优化运行。

（5）压缩空气后处理节能技术。采用压缩空气自身的热量对干燥机进行再生，使得再生过程不消耗任何压缩空气，实现压缩空气干燥过程的零气耗和零电耗。

（6）压缩空气余热回收技术。采用高效换热器回收空气压缩机润滑油和压缩空气中的热量，在保证空气压缩机正常工作的前提下，生产 60～90℃ 的高温热水。空气压缩机余热回收制取的能量可以直接应用于生产和生活用热。

（7）管网泄漏智能检测技术。通过在线与离线相结合的方式进行泄漏点检测，及时发现漏点，将"跑、冒、滴、漏"的损耗最小化。例如，0.6MPa 压缩空气的管道出现一个 4mm 圆孔，按 8000h 的年运行时间、0.60 元/kWh 的电价计算，每年会浪费 31200 元。

（8）终端设备高效化技术。通过智慧阀门、气体回收阀和高效喷嘴等设备，大幅降低终端设备的用气量，从源头上减少压缩空气。

2. 动力系统

（1）电动机变频器节能。在交流异步电动机的诸多调速方法中，变频调速的性能最好，调速范围大，稳定性好，运行效率高。采用通用变频器对笼型异步电动机进行调速控制，使用方便、可靠性高且经济效益显著，因此逐步得到推广。变频器用于电动机调速、负载功率变化的场合，如注塑机、各类泵（风机、空气压缩机等）、电机拖动系统、桥式起重机。一般开环控制的电动机由于不能感知外部负载的变化只能以恒功率的方式运行，存在能源浪费。而由变频器拖动的电动机，可实现闭环控制，由传感器感知外部负荷和速度的变化，经计算机处理，控制变频器调节电动机的转速和功率输出，始终以最优化的方式来控制电动机的功率输入，从而达到节能的目的。变频器的节电率一般可达到 23%～40%，并延长电动机寿命 2～4 倍以上。

（2）电动机相控器节能。在我国，有近 10 亿台交流电动机在使用之中。60% 的工业电动机消耗了约 70% 的电网电能，电动机的耗能在电力工业中占举足轻重的地位。

电动机在额定负载状态下，其机电转换效率可达 95%，但当电动机在轻载状态下运行时，其机电转换效率可低至 20%。

美国电力科学研究院的研究表明：60% 的交流电动机是在其设计额定负荷的 55% 或

更低状态下运行。在此状态下，电动机消耗的电能中有相当部分以发热、铁损、噪声与振动等形式浪费掉。

造成轻载运行电动机效率很低的主要原因是电动机在偏离最佳效率的额定功率运行，且无论电动机负载怎么变化，电动机与电网之间的电压和频率不可调节。

在电动机与电网之间加上能量管理控制器，通过实时检测电动机运行的电压和电流及其相位角的大小，判断电动机所处运行负荷和效率状态。当电动机在低效率轻载状态下运行时，通过优化运算决策实时调节加于电动机的电压和电流的大小，以调整对电动机的功率的输入，保证电动机的输出转矩与负荷需求精确匹配，实现"所供即所需"的柔性化能量管理模式（达到软启动和节能效果）。能量管理控制器不仅可以节省部分励磁损耗和负载损耗，提高功率因数，改善电动机运行状态和电网运行品质，而且具有软启动功能，是一种不同于变频器的电动机节能产品。

这种电动机的输入功率和电压能自动跟随电动机负载的动态变化的模式，是一种柔性化电力能量管理新模式，也就是相控技术设计理念的精髓。

3. 供热系统

供热系统提高热源效率的措施有以下几种。

（1）提高锅炉运行效率，降低热损耗。燃煤锅炉常用省煤器对烟气热量加以回收，产生蒸汽的锅炉往往还使用空气预热器对进风空气加以预热，从而达到节能效果。然而燃煤锅炉与燃气锅炉相比，烟气中的水蒸气份额并不大，这部分水蒸气凝结后释放的热量不能使热效率提高多少。通过加装烟气回收装置，可节能 3%～7%。其中，回水温度越低，烟气中水蒸气越易冷凝，从热回收装置中得到的热量就越多。国外常用冷凝式锅炉，即锅炉和热回收装置一体，对解决上述问题更加有效，从而更有利于节能。例如普通高效锅炉燃烧天然气时，如果在无过量空气的条件下运行，锅炉热效率按燃料低位发热量计算，即 90%；使用冷凝式锅炉后，排烟温度降低到 30℃，效率则会提高到 107.6%。

（2）改造管网保温。热力网管道地下敷设时，应优先采用直埋管，但产品和施工质量要过硬，能够经久耐用。保温层设计时应优先采用经济保温厚度，阀门、法兰等部位宜采用可拆卸式保温结构。

（3）太阳能加蓄热器供生活热水。利用锅炉房屋顶安装太阳能集热装置，与燃气锅炉生活热水系统并联，在晴天时采用太阳能供热，并加装蓄热器延续热水使用时间；阴天时利用锅炉供热。该措施充分利用了可再生资源，是国家最为提倡的节能措施，并解决了生活热水供应单位普遍亏损的局面。

（三）微电网技术

1. 微电网含义

美国专家 R.H Lasseter 教授最早在 2001 年提出了微电网概念，并由美国电气可靠性技术解决方案协会对微电网进行了定义：微电网由负荷和微型电源共同构成，该系统不仅仅能够提供热量，而且还能够提供电能。在系统当中电子元器件能够实现能量的转换，并通过电子元器件进行系统控制。对于外供配电网络而言，微电网相当于单一受控元件，

能对用户进行供电，同时还能够保证供电质量。虽然在此之后欧盟及日本等发达国家和地区相继对微电网进研究，但目前对微电网并没有明确的统一定义。

我国在国外相关研究的基础上，对微电网进行了研究并给出了定义：微电网是典型的小型发配电系统，主要由分布式电源、控制系统、储能装置及相关负荷构成，能够通过自我控制、自我保护及自我管理为其覆盖区域提供能量（冷、热、电），是输电网、配电网之后的第三级网络，也成为当前我国智能电网发展中的重要构成部分。作为具有代表性的新型网络结构，微电网能够辅助实现主动式智能配电网，促进智能电网发展。

2. 微电网技术系统组成

（1）分布式电源。针对不同的发电系统采用不同的分布式电源，目前的发电类型包括光伏发电、水力发电、风力发电及潮汐发电、内燃机发电系统等，与微电网对接的发电类型主要是可再生能源发电。微电网和外部大型供配电网络相比，容量小且电压等级也相对较低，因此一般以380V、10kV和110kV的电压等级和外部大电网进行能量交换。

（2）储能装置。随着储能技术的发展，目前储能装置已有多种类型，部件包括热储能装置、机械储能装置，还包括电磁储能装置及新型电化学储能装置。电化学储能装置一般通过蓄电池储能实现其功能，对于电磁储能装置而言一般采用超导体和超级电容来实现其功能。

（3）控制系统。控制系统作为微电网中必不可少的一环，主要实现对整个系统的控制，保证整个系统的运行，包括计量系统、监控系统、保护系统及能量管理系统等多个子系统。目前，比较常见的三种微电网控制方式如下：

1）基于电力电子技术等概念的控制方法。该方法根据微电网的控制要求与发电机的下垂特性将不平衡功率动态分配给各机组承担，具有简单、可靠、易于实现的优点。

2）基于能量管理系统的控制。该方法采用不同的控制模块分别对有功和无功进行控制，很好地满足了微电网的多种控制要求。此外，该方法针对微电网中对无功的不同需求，功率管理系统采用了不同的控制方法从而提高了控制性能。

3）基于多代理技术的微电网控制。该方法将计算机领域的多代理技术应用到微电网，代理的自治性、自发性等特点能够很好地适应和满足微电网分散控制的要求。

3. 微电网技术特点

（1）清洁。微电网中分布电源主要对接可再生能源，以清洁能源为主，而且可以对接多种可再生发电方式。微电网系统内部就能够实现电源和负荷一体化运行，对于可再生能源发电而言也能够实现并网消纳，提高整个微电网系统的利用率，对于综合能源服务系统而言也具有长远意义。

（2）智能。在微电网中引入智能化技术，并利用智能化设备辅助实现微电网功能。主要利用的智能设备包括计算机软件、能量管理系统及大量的智能电子设备和高级储能装置等，另外还在系统引进了智能通信技术及网络技术等。

（3）自治。微电网系统作为新型自治发供电系统的代表，与传统的供电网络系统相比具有独特性，而且更加复杂。能够和外部大网络进行对接，并网运行辅助供电，而且

还能够作为独立电网自治运行，最终实现微电网内的电量自我平衡。

（4）可靠。微电网综合利用各个模块，充分利用储能单元、通信模块及控制系统的优点，最终实现了该系统能够在稳态和暂态过程中实现功率平衡和电压、频率稳定，而且微电网还具有良好的自治性，这样能够在大电网故障时继续供电，极大地提高了微电网供电可靠性。微电网的控制系统也越来越完善，能够实现谐波、无功功率的管理，对于电能质量而言能够有效改善。在这些因素影响下，电网的抗灾害打击能力也明显提高。

（5）灵活。微电网在和分布式能源对接的过程中，能够根据运行状况进行分布式电源的连接与断开，这种运行机制提高了分布式电源的高效利用。同时在微电网运行中，系统会根据实际需求进行运行方式的选择，灵活变动运行方式，保证不同分布式电源和不同储能装置之间的协调运行，实现整个微电网的全方位灵活调度，提高其运营效率。微电网作为单一受控单元实现"即插即用"，还可根据用户需求灵活定价，提供不同级别的电能质量。

（6）交互性。微电网作为智能网络的典型代表之一，具有良好的交互性，能够很好地实现微电网和用户之间的互动。用户通过控制系统能够参与微电网管理，而微电网可以通过用户提供的控制信息对整个系统进行动态调整，保证科学供电，优化分布式能源的合理配置，降低不必要的电能消耗，提高整个微电网的运行效率。

（四）充电桩技术

目前，发展电动汽车已经成为节能减排与改善地球环境的必然趋势。电动汽车具有零污染、零噪声、驾驶简单的优势，但是其续航能力弱及充电不方便等缺点也成为限制大范围使用的障碍。而充电桩就是给电动汽车提供能源的一种配套设施，随着资源紧张，新能源汽车的发展已经成为一种趋势，所以研究充电桩技术是非常必要的，充电桩技术也成为综合能源服务系统的重要技术组成部分。

1. 充电桩的概念和类型

电动汽车能源供给主要有两种模式：自充电模式、换电池模式。这两种模式在国际上已得到不同程度的尝试和应用，其中对自充电模式的研究、试验相对较多，换电池模式近年来也开始得到关注。自充电模式具体又包括常规充电和快速充电两种类型。以下主要介绍自充电模式下的充电桩技术。

（1）充电桩概念。如图2-41所示，充电桩分为交流充电桩和直流充电桩。交流充电桩本质是提供可控制的交流电源，输出电压是交流电，需要车载充电机变压整流。其输出功率受限于车载充电机，主流功率以3.3kW和7kW为主，充电速度较慢，通常称之为"慢充"。直流充电桩则是自带变压整流充电管理系统，输出电压就是电池可以直接用的高压直流电。直流充电模块可以多个并联，直流充电桩的输出功率比较大，主流功率以30kW和60kW为主，充电速度较快，通常称之为"快充"。

（2）充电桩分类。为适应市场应用需求，充电桩分为多种类别：按安装条件可分为立柱式充电桩与壁挂式充电桩；按安装地点可分为室内充电桩与户外充电桩；按服务对象可分为公用充电桩、专用充电桩及自用充电桩。按充电接口数量可分为一桩一充充电桩与一桩多充充电桩；按充电类型可分为交流充电桩与直流充电桩。还有专门为充电服

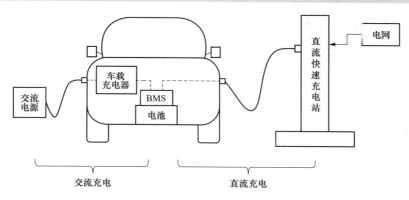

图 2-41 电动汽车充电模式图

BMS—电池管理系统

务而建的充电站，包括常规充电站及光伏充电站，其中，常规充电站电力来自电网；光伏充电站主电力来自电网，辅助电力来自太阳能发电。

（3）充电桩技术构成。如图 2-42 所示，充电桩由电气控制单元、充电控制器、充电单元、人机界面模块、通信模块、读卡器、增值服务、电能表及监控运营系统等构成，其中，电气控制单元是充电的核心部分。充电桩核心充电模块结构原理为：三相交流电 380V 输入，经过抗电磁干扰（EMI）处理→三相全桥整流→功率因数校正（PFC）→DC/DC 转换→二次整流滤波，再经抗电磁干扰后检测输出。其中，辅助电源从 PFC 输出端取电，通过降压整流为 DC/DC 控制单元提供稳定的电源。在输入端、输出端检测电压、电流、温度等参数反馈给 DC/DC 控制单元；DC/DC 控制单元综合了各检测单元的反馈参数及 CAN 总线的实时需求，实时对 DC/DC 转换器控制。充电模块可多路并联，组成不同功率的充电桩。

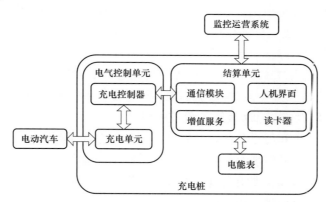

图 2-42 充电桩的技术构成示意图

2. 当前充电桩技术面临问题

（1）受电池技术发展限制，新能源汽车充电倍率低（充电倍率=充电电流/额定容量）。目前，主流的汽车电池可承受的充电倍率都在 1C 以下，很大程度上限制了充电桩技术的发展。

（2）充电桩功率较低，交流充电桩以 7kW 为主，直流充电桩以 60kW 为主。如果对国内主流的 50kWh 汽车电池组充电 80%，交流充电桩充电时长约需 6h，直流充电桩充电时长约需 40min。

（3）充电桩的智能化、互联网控制平台尚未完善，运营管理较困难。

（4）充电桩的国内标准与国际标准不统一，如电性参数不兼容、充电枪不兼容、通信协议不兼容等。新旧标准更替的差异化，导致新旧产品的技术参数也出现差异化。由于充电桩产业是个新兴产业，技术标准不断更新，也会出现新旧产品兼容性问题。

3. 充电桩技术的发展趋势

大功率快充充电桩是充电桩的发展方向，但充电桩的发展受限于充电场所的电网容量配置、汽车电池技术，以及可承受大电流充电的导体材料等因素，未来必定往多样化、快充、慢充相结合的方向发展。市区停车场由于停车时间较长，可以使用慢充充电桩；高速服务区及城市郊区可建快充充电站，专为电动车续航而充电；闪速充电与无线充电为补充，在城市的各路段设置闪速充电区，为电动车续航充电。此外，还必须从技术标准化，应用多样化，智能化，管理网络化的方向发展，借助于"互联网+"、大数据等技术手段，促进信息的开放共享、互联互通，让车辆和充电桩网络更加匹配，组织推动国家级充电服务平台建设，共同推动充电基础设施健康可持续发展，使新能源汽车成为安全、快捷、绿色的交通工具。

第四节　供需一体化综合能源服务系统

在能源领域的发展中，长期存在着不同能源形式协同优化的情况。从国内外学者的研究中，综合能源系统是指在规划、设计、建设和优化运行等过程中，通过对不同种类能源的供应、传输与分配（能源供应网络）、耦合与转换、存储、用户消费等环节进行协调与优化后，所形成的综合能源供需一体化系统。

从能源价格、能源需求、用能形式等分析来看，面向工业园区、公共建筑开展能源一体化供应，将是未来一段时间内我国综合能源服务的发展重点。

一、供需一体化综合能源服务系统发展模式

针对不同市场要求和建设条件，发展供需一体化综合能源服务应采用不同的典型发展模式。存量市场主要针对现有能源系统，力求对不同能源设备的一体化运营管理，进一步创造效益；增量市场主要沿着规划设计、投资建设、运营管理全环节一体化路径推进，以重资产的形式全面满足用户的需求。

（一）存量市场

对于存量市场来说，可以提供运营管理一体化服务，采用"管控平台+新增设施+部分改造+专业服务"四位一体的模式。该模式以构建综合能源管控平台为切入点，以开展能源统一管理和专业服务为基础核心，在现有能源及用户的基础上，辅助开展节能改造和新建绿色高效设施。

（二）增量市场

对于增量市场来说，需要在系统架构、规划设计、合作方式、优化运行四个方面进行统筹管理。

1. 系统结构

供需一体化综合能源服务系统包括两部分，外部由大电网提供支撑，内部为区域综合能源系统。

此类综合能源系统一般分为以电为主和以气为主两种系统结构，也存在混合模式。以电为主的系统结构能够在大电网供电的基础上集成分布式光伏、热泵、储能等元素，适用于新增工业园区和公共建筑。以气为主的系统结构主要基于 CCHP 等耦合系统，将大电网供电作为系统备用，适用于在气价较低、政府补贴力度大的地区或者传统工业园区。

2. 规划设计

供需一体化综合能源服务系统在规划设计过程中可从以下三个方面考虑。

（1）从外、内部能源资源的角度，综合考虑系统结构，开展综合能源系统规划设计。

（2）从用户负荷的角度，充分考虑用户负荷增长，基于用户负荷进行多个阶段的规划，确保供能系统在各阶段均能够满足终端能源需求。

（3）从智能化的角度，推进物理信息融合和资源集约利用，增强系统的可感、可观、可控性，提升智能化水平。

3. 合作方式

积极开展多元化合作，促进技术、产品、资金、属地资源等方面的优势互补，实现共建共享。

4. 优化运行

供需一体化综合能源服务系统在优化运行过程中可从以下三个方面把控。

（1）利用大数据等先进技术，对负荷进行预测，结合能源数据，形成合理的运行计划。

（2）针对外部市场的价格信号变化，灵活调整系统的运行状态，实现经济效益的提升。

（3）以提升系统能效为目标，通过多能互补优化运行调度，在安全满足用户负荷的用能需求的同时，实现能效的提升。

二、供需一体化综合能源服务系统组成

（一）城市能源供需一体综合能源服务系统

在城市化进程中，城市综合能源系统的建立能推动新型城市化发展，促进能源结构转型，能为系统建设提供优化布局方案，避免能源网络的盲目建设和设备重复投资，实现资源跨区域优化配置，保证多种能源互补融合利用和系统高效可靠运行。

在城市和区域层面，根据供需两侧连接形式与供能网络拓扑结构的差异，分布式能源系统具有以下两类常见应用模式。

（1）区域集散型分布式能源系统。通过集中能源站满足周边分散用户的冷、热、电

负荷需求，是目前区域分布式能源系统的典型应用模式。

（2）基于用户间能源融通的区域能源互联网模式。在优先自产自用的同时，通过区域内微电网、微热网实现区域内能源融通，确立用户间互补、互动体系。

由于区域能源系统涉及能量长距离传输。因此，需要综合考虑区域内用户的空间位置及其用能行为特性，确定电源点、热源点布局，用户间能源网络拓扑结构，以及系统运行策略。

如上所述，城市区域能源系统也可分为供应端、输配端、需求端三个部分。随着"互联网+"理念的渗透，城市能源系统每一部分特性均发生了变化。供应端呈现去中心化和多样化特性；输配端呈现集成化态势，各系统在规划期就能实现较好的沟通合作，使系统在全寿命周期内实现一体化管理，更好地提升整个能源系统效益；需求端呈现平准化与精细化趋势，需求端能源具有随机性，对城市空间结构进行高密度、功能混合型规划开发，缓和负荷时空差异，稳定热电比，实现多元用户互补。

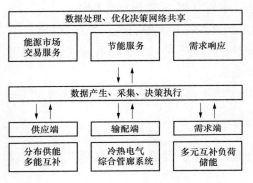

图 2-43　城市能源互联网概念架构图

城市能源系统和空间结构耦合，使能源系统在时间和空间维度上将能源供应端、输配端、需求端相互协同，实现一体化控制管理。如图 2-43 所示，能源系统的物理层与数字信息技术结合，将收集到的信息进行优化整合，实现系统效率的提升和控制管理的优化。

（二）园区微网供需一体综合能源服务系统

园区微网供需一体综合能源服务系统包含天然气、太阳能、风能等一次能源及电力，涉及电、热、气多种能源输配网络和负荷需求、储能、控制和保护设备及信息化平台，如图 2-44 所示。通过多能互联、信息能量耦合及市场经济引导，可实现多能"供—需—储"一体化协调优化和自平衡。

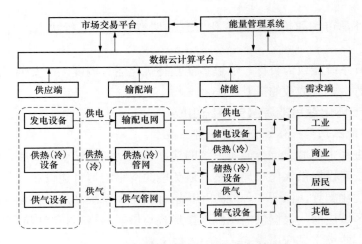

图 2-44　园区微网供需一体综合能源服务

68

　　用户级园区微网是多能"供—需—储"自平衡体,可视作能源系统演化发展的基本单元。

　　广域范围内园区微网在信息和市场经济引导下,与其他能源主体或园区微网实现物理网络互联,形成新的能源互联网络,如图 2-45 所示。基于物理—信息—经济耦合的多个微网交互,是自适应分散决策的结果。

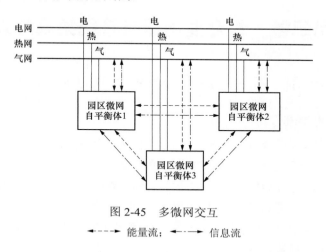

图 2-45　多微网交互

←----→ 能量流;　←—·—→ 信息流

第三章　综合能源服务系统集成方式

第一节　综合能源服务系统集成的类型及原则

一、系统集成类型

综合能源服务系统集成方式的分类不同，集成种类不同：从综合能源角度分，可分为可再生能源集成、燃气分布式与可再生能源集成、传统火电与其他供能方式集成等方式；从服务角度分，可分为能源托管、能效监测等消费侧节能优化类集成方式；从项目建设模式分，可分为工程总承包模式（EPC）、建设—经营—转让模式（BOT）、建设—拥有—经营模式（BOO）、政府和社会资本合作模式（PPP）等项目建设模式。本节从供能侧角度，采用多能互补系统集成分类方式，将综合能源服务系统集成类型分为以下两类：风光水火储综合能源集成系统、终端一体化综合能源集成供能系统。

如图 3-1 所示，风光水火储综合能源集成系统利用大型综合能源基地风能、太阳能、水能、煤炭、天然气等资源组合优势，系统主要表征为生产侧的集成，对外主要提供电力供应。不同能源集成主要是在短期调度方面呈现显著互补效应，通过联合不同类型的发电机组带来显著的综合效益。其中，风电和光伏发电属于随机性电源，水电、火电和储能系统属于可控电源。由于不同电源的发电特性具有较大的差异性，风电、水电、火

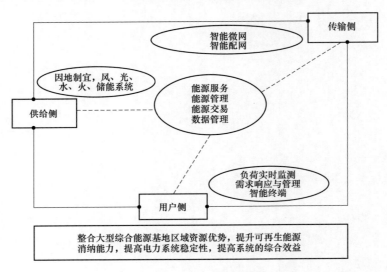

图 3-1　风光水火储综合能源集成系统方案

电和处于充电状态的储能系统的输出功率会优先以交流电的形式聚合，然后转换为直流电形式满足负荷需求。一般包括风光水储综合供能系统、风光火储综合供能系统两种形式。

终端一体化综合能源集成供能系统面向终端用户电、热、冷、气等多种用能需求，因地制宜、统筹开发、互补利用传统能源和新能源，优化布局建设一体化集成供能基础设施，通过天然气热电冷三联供、分布式可再生能源和能源智能微网等方式，实现多能协同供应和能源综合梯级利用，如图 3-2 所示。此类型集成供能系统规模可大可小，小则至单栋楼宇、商场、厂房，大则到楼宇群、工业园区。目前实际应用中常见方式为针对工业园区或楼宇群建设的以燃气分布式为基础综合可再生能源的区域微网类型的综合供能系统。

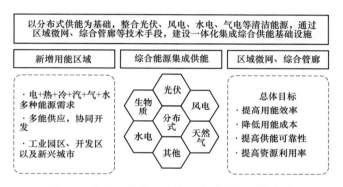

图 3-2　终端一体化综合能源集成供能系统方案

二、系统集成原则

（一）系统集成原则

（1）综合考虑当地的能源资源特点，因地制宜的设计综合能源系统。不能盲目跟从国家有关能源利用的政策和现有能源系统应用热点，在能源系统设计之初，根据当地资源，结合区域能源需求，分析有关能源资源的适用性，然后以此设计综合系统。

（2）选定能源供应系统后，要对系统内外部进行优化和匹配。首先进行系统内部的集成耦合，依据的原则为"温度对口，梯级利用"；然后进行系统外部的优化配置，即通过建立约束条件和目标函数等数学方法，得到最佳系统配比、容量和运行模式；最终使能源资源在供能系统中达到高效利用。系统优化过程中应能有效控制污染物的排放，使系统在运行过程中所排放的污染物最小化。同时也应注重系统的简单化，使系统投资最小化。

（二）系统集成基本原理

综合能源系统集成原理主要是利用多能耦合互补及能的梯级利用，利用多种能源形式间的耦合互补特性，通过不同能源形式间的梯级利用，实现系统综合能源利用效率及能源供给可靠性的有效提高。

综合供能系统中通常包括火电、气电、风电、太阳能发电、水电等多种类型电源。火电作为常规可调度电源发电出力可调，能够承担一定的调峰幅度，出力升降速度慢。

气电机组启停快，可作为电力系统的备用和调峰电源，主要承担电力系统尖峰负荷。可再生能源发电出力变化频繁、不可控。水电站可利用水库蓄水调节，与风电、太阳能发电补偿运行，发挥更大的容量效益。多种能源耦合互补主要表现为多种能源在不同时间尺度上具有相关性和互补性，根据不同能源波动特性和调节能力，将能源供应从时间角度进行互补利用和重新分配，提高可再生能源利用率，提高电能输出可靠性及电网接纳可再生能源能力。

能的梯级利用主要指燃料的化学能转化为热能及热能再利用的过程，包括将不同热能根据"温度对口、梯级利用"原则引入至热力循环中适当位置，提高能源转换效率，提升时间互补效果。燃料能量梯级利用原理如图 3-3 所示，燃料的化学能在燃烧过程中转变为热能，随着热能的逐步释放，能量的品位也逐渐下降。为了尽可能地降低能量利用过程中的不可逆损失，能量利用过程中不同品位的能量必须对应不同的利用方式。高品位能量对应的吸收侧也应为高品位，低品位对应的能量吸收侧也应该是低品位。在综合能源系统集成过程中，根据能量品位的不同，高品位热能利用动力设备做功发电，中品位热能利用余热回收装置制冷，低品位烟气热能用来加热生活热水，由此实现能的梯级综合利用，提高系统综合能源利用效率。

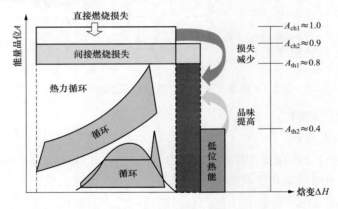

图 3-3　燃料能量梯级利用原理

第二节　系统集成模型

一、风光水火储类型系统集成模型

风光水火储类型系统主要是通过火电、水电及储能系统等可控电源来平抑风电、光伏发电等随机性电源出力的波动，从区域上实现发电与用电的协调与统一。与终端一体化区域综合供能系统相比，风光水火储类型综合供能系统覆盖范围更广，从工业园区到省、市规模均有；装机容量规模更大，从万千瓦级至百万千瓦级；系统输出产品主要是电力，一般不包括热、冷、气等其他能源。实际工程中主要包括风光水储综合供能系统及风光火储综合供能系统两种形式，其中水电、火电在综合供能系统中均承担着电网基础及调节的主要功能，系统模型及优化算法大体相同。

风光水火储类型系统一般是在满足风、光等可再生能源出力最大，电力系统负荷波动最小，火力发电成本最低条件下进行系统集成。当前国家能源转型发展，鼓励光伏、风电等新能源发展。而新能源的快速大规模发展，受其发电的随机性、波动性影响，电网峰谷差变大。在此背景下，为光伏、风电系统配备一定的储能系统增加其调峰调频能力，同时火电机组承担电网系统"压舱石"作用，不仅需要满足调度中心统一安排调度，还需要应付负荷的不确定性及设备故障等。

以风光火储类型为例进行建模优化，如图 3-4 所示。系统考虑风、光发电出力情况，通过储能系统一定范围内调节出力减小风、光发电的波动性。依靠各电源之间发电出力的天然互补性，通过多电源协调配合提高系统供能可靠性，加大可再生能源消纳力度，降低系统供能成本。

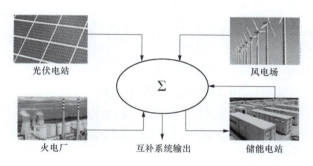

图 3-4　风光火储综合能源互补系统联合运行

（一）风电场供能约束条件

风电场输出的功率 P_w 主要取决于风电场风速 v 的大小，风场出力与风机转轴高度处的风速 v 之间的关系可近似用分段函数描述为

$$P_w = \begin{cases} 0, & 0 \leqslant v \leqslant v_{in} \\ P_N \dfrac{v - v_{in}}{v_N - v_{in}}, & v_{in} \leqslant v \leqslant v_N \\ P_N, & v_N \leqslant v \leqslant v_o \\ 0, & v \geqslant v_o \end{cases} \quad (3\text{-}1)$$

式中：v_{in} 为风机切入风速；v_o 为风机切出风速；v_N 为风机额定风速；P_N 为风机额定输出功率。

风电场发电出力曲线如图 3-5 所示，受实际风速制约，大体呈现晚上出力高，白天出力低的特点。

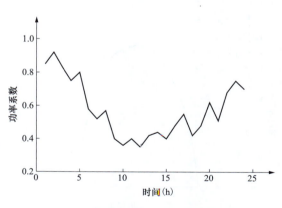

图 3-5　风电机组典型日出力功率曲线

风电系统出力约束条件为

$$0 \leqslant P_w(t) \leqslant \overline{P_w(t)} \quad (3\text{-}2)$$

式中：$\overline{P_w(t)}$ 为 t 时刻风电系统出力最大值，即 P_N。

（二）光伏系统供能约束条件

光伏系统主要由光伏组件、逆变器、控制系统等构成，系统核心部件为光伏组件，其通过一系列的串并联组成光伏电池阵列，大量阵列通过汇流箱、逆变器等形成光伏电站。光伏系统出力主要依赖光伏组件，其在任意环境温度 T（℃）和光照强度 G（kW/m²）下的输出功率 P_{pv} 表示为

$$P_{pv} = I(G,T) \times U(G,T) \qquad (3\text{-}3)$$

其中，光伏阵列的电流 I 与电压 U 均与环境温度相关。将环境温度折算成光伏电池表面温度后，对于任意环境温度 T（℃）和任意光照强度 G（kW/m²）下，光伏阵列输出电流可用如下公式进行修正

$$\begin{cases} I(G,T) = I_{ref} + \Delta I(G,T) \\ \Delta I(G,T) = \phi\left(\dfrac{G}{G_{ref}}\right)(T_C - T_{ref}) + I_{SC}\left(\dfrac{G}{G_{ref}} - 1\right) \end{cases} \qquad (3\text{-}4)$$

光伏阵列输出电压可用如下公式进行修正

$$\begin{cases} U(G,T) = U_{ref} + \Delta U(G,T) \\ \Delta U(G,T) = -\varphi(T_C - T_{ref}) + R_S \Delta I(G,T) \end{cases} \qquad (3\text{-}5)$$

式中：ϕ、φ 分别为参考光照强度下电流和电压变化温度系数，A/℃；R_S 为光伏阵列的串联电阻，Ω。

在参考条件（$T_{ref}=25℃$，$G_{ref}=1kW/m^2$）下，光伏阵列两端电压为 U_{ref} 时，对应的输出电流为 I_{ref}。

$$I_{ref} = I_{SC}\left[1 - K_1\left(\dfrac{U_{ref}}{e^{K_2 U_{OC}}} - 1\right)\right] \qquad (3\text{-}6)$$

式中：I_{SC}、U_{OC} 分别为参考条件下光伏阵列的短路电流和开路电压；K_1、K_2 计算公式为

$$\begin{cases} K_1 = \left(1 - \dfrac{I_m}{I_{SC}}\right) e^{-\frac{U_m}{I_{SC}}} \\ K_2 = \dfrac{\dfrac{U_m}{U_{OC}} - 1}{\ln\left(1 - \dfrac{I_m}{I_{SC}}\right)} \end{cases} \qquad (3\text{-}7)$$

式中：I_m、U_m 分别为光伏阵列最大工作电流、最大工作电压。

光伏系统典型出力曲线如图 3-6 所示，出力在中午最高，向早晚逐渐递减。风电场系统大体呈现晚上出力高、白天出力低的特点，与光伏系统具有一定的互补性。

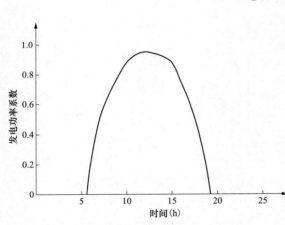

图 3-6 光伏电站典型日出力功率曲线

光伏发电输出功率受物理特性限制，具有上下限，其约束表示为

$$0 \leqslant P_{pv,t} \leqslant P_{PVmax} \tag{3-8}$$

式中：$P_{pv,t}$ 为 t 时段光伏电站出力大小，P_{PVmax} 为 t 时刻光伏电站最大输出功率。

（三）储能系统约束条件

受风光电发电的随机性及波动性影响，大规模风光电并网愈发具有挑战性。与火电调峰调频等特性相比，储能系统以其快速、便捷，易于控制及相对较高的能量密度和功率密度等优点具有较大优势。在风光火储系统一般需配备储能系统以辅助调峰调频，储能系统约束公式为

$$D_2 \leqslant E(t) \leqslant D_1 \tag{3-9}$$

式中：$E(t)$ 为 t 时刻储能量；D_1 为其储能值的上限；D_2 为其储能值的下限。

$$E(t) = (1 - \varepsilon) \times E(t-1) + [P_c(t) \times \eta] \times \Delta t \tag{3-10}$$

式中：ε 为储能的自放电系数；η 为充放电系数；Δt 为一个时刻；$P_c(t)$ 为 t 时刻储能系统放电量。

$$|E(0) - E(t)| < A \tag{3-11}$$

式中：A 为一个定值，设定周期内储能的发电和充电量的差值绝对值小于某一个定值。

$$\underline{P_c(t)} \leqslant P_c(t) \leqslant \overline{P_c(t)} \tag{3-12}$$

式中：$\overline{P_c(t)}$ 为 t 时刻储能放电最大值；$\underline{P_c(t)}$ 为 t 时刻储能最大值的负值。

（四）系统备用容量约束条件

系统正旋转备用约束条件为

$$S_1 = P_d(t) \times m_1\% + P_w(t) \times n_1\% + P_{pv} \times p_1\% \tag{3-13}$$

式中：S_1 为系统正旋转备用容量值；$P_d(t)$ 为 t 时刻的系统用电负荷；$m_1\%$、$n_1\%$、$p_1\%$ 分别表示一个百分数。

$$S_1 \leqslant \sum_{i=1}^{I} u_i(t) \times [\overline{P_i(t)} - P_i(t)] + [\overline{P_w(t)} - P_w(t)] + [\overline{P_{pv}(t)} - P_{pv}(t)] + [\overline{P_c(t)} - P_c(t)] \tag{3-14}$$

式中：$P_i(t)$ 为 t 时刻第 i 台火电机组的发电量；I 为火电机组台数；$u_i(t)$ 表示第 i 台火电机组 t 时刻的启停状态，开启为 1，停止运行为 0，只有 0、1 两种情况。

系统负旋转备用约束条件为

$$S_2 \leqslant \sum_{i=1}^{I} u_i(t) \times [P_i(t) - \underline{P_i(t)}] + P_w(t) + P_{pv}(t) + P_c(t) - \underline{P_c(t)} \tag{3-15}$$

式中：S_2 为系统负旋转备用容量值。

（五）火电系统出力约束条件

针对火电机组发电出力上下限约束条件为

$$u_i(t)\underline{P_i} \leqslant P_i(t) \leqslant u_i(t)\overline{P_i} \tag{3-16}$$

针对火电机组出力爬坡约束条件为

$$\begin{cases} P_i(t) - P_i(t-1) \leqslant M_i, u_i(t) \times u_i(t-1) = 1 \\ P_i(t-1) - P_i(t) \leqslant N_i, u_i(t) \times u_i(t-1) = 1 \end{cases} \tag{3-17}$$

火电机组出力最小开停机时间约束条件为

$$\begin{cases} T_{it}^{\text{on}} \geqslant T_{i\min}^{\text{on}} \\ T_{it}^{\text{off}} \geqslant T_{i\min}^{\text{off}} \end{cases} \tag{3-18}$$

式中：T_{it}^{on}、T_{it}^{off} 分别为第 i 台火电机组累计开、停机时间；$T_{i\min}^{\text{on}}$、$T_{i\min}^{\text{off}}$ 分别为第 i 台火电机组最小累计开、停机时间。

（六）系统集成约束条件

针对风光火储综合能源集成互补系统，功率平衡约束条件为

$$P_{\text{d}}(t) \leqslant \sum_{i=1}^{I} P_i(t) + P_{\text{w}}(t) + P_{\text{pv}}(t) + P_{\text{c}}(t) \tag{3-19}$$

将风力发电、光伏发电、储能发电看作负的负荷，设定 $P_{\text{g}}(t)$ 为广义负荷，t 时刻的广义负荷为

$$P_{\text{g}}(t) = P_{\text{d}}(t) - P_{\text{w}}(t) + P_{\text{pv}}(t) - P_{\text{c}}(t) \tag{3-20}$$

广义负荷的平均值 $P_{\text{gt,av}}(t)$ 为

$$P_{\text{gt,av}}(t) = \frac{\sum\limits_{t=1}^{T} P_{\text{g}}(t)}{T} \tag{3-21}$$

一般情况下，按照广义负荷波动最小、广义负荷最大值最小、火电机组运行成本最小进行考虑，有时会考虑最大消纳风光电、减小火电机组发电量，有时也会考虑火电机组发电量最小目标。

广义负荷波动最小的目标函数表达式为

$$\min F_1 = \min \left\{ \frac{\sum\limits_{t=1}^{T} [P_{\text{g}}(t) - P_{\text{gt,av}}(t)]^2}{T} \right\} \tag{3-22}$$

广义负荷的最大值最小，目标函数表达式为

$$\min F_2 = \min \{ \max [P_{\text{d}}(t) - P_{\text{w}}(t) - P_{\text{pv}}(t) - P_{\text{c}}(t)] \big|_{t=1:T} \} \tag{3-23}$$

火电机组运行成本最小，目标函数表达式为

$$\min F_3 = \min \sum_{t=1}^{T} \sum_{i=1}^{I} \{ a_i P_i(t)^2 + b_i P_i(t) + c_i + S_i \times \{ u_i(t) \times [u_i(t) - u_i(t-1)] \} \} \tag{3-24}$$

式中：a_i、b_i、c_i 分别为第 i 台火力发电机组的发电成本系数；S_i 为第 i 台火电机组启停成本。

火电机组发电量最小，目标函数表达式为

$$\min F_4 = \min \sum_{t=1}^{T} \sum_{i=1}^{I} P_i(t) \tag{3-25}$$

通过构建风光火储综合供能系统，将不同供能类型、供能特点的系统深度耦合，实现风光资源最大化利用，保证电网稳定运行，降低区域峰值负荷，减小综合供能成本等，有效降低区域综合用能成本。

二、终端一体化类型系统集成模型

终端一体化类型系统中各能源系统的有机组合方式，可以在某个特定区域内（如工业园区、商场、社区或城市等）实现对不同能源的有效调度和高效利用。立足于能源流通的过程，终端一体化类型系统涵盖了能源的产生、输送、存储、转换和消费环节，为使系统良好运行，需要各个环节相互配合。产能环节除包含发电厂、天然气站和供热站以外，同时也包含了基于可再生能源的分布式发电方式，如分布式风电、光伏等，它们将分布于不同区域内的各类能源送至综合能源系统进行统一调动。能源的输送环节主要包括燃气管道、热力管网和输配电网等，它们负责将能源从供能侧传递至用能侧，承担了综合能源系统的传输作用。

能源转换环节在终端一体化类型系统中占有举足轻重的地位，一般由能源间的转换设备组成，如冷热电三联供机组（实现由气到电、冷、热的转换）、内燃机（实现由气到电的转换）、地源热泵（实现由电到热的转换）和燃料电池（实现由气到电的转换）等。这类设备运行可靠、安全，根据不同需求实现多种能源间的转换，也是终端一体化类型系统能源利用效率提高的主要原因。能源存储环节主要包括热储能、储气站和电储能，电储能中还包括了各类电池、超级电容、飞轮储能等，多种能源存储方式的时空差异性也大大增加了系统的灵活性。消费环节包括分布于用户侧的各类能源的消耗设备，用能侧负荷的丰富也为需求响应策略的实施提供了更大的潜力。由此可见，终端一体化类型系统相关技术涉及多个领域，为了满足能源的统一调配、能源的双向流动和能源的自由转换，需要将终端一体化类型系统作为相对独立单元，在不同技术领域开展全面系统性分析，并对不同应用场景下终端一体化类型系统功能进行定位和系统边界区分。

终端一体化类型系统与风光水火储类型系统区别在于：①终端一体化类型系统供能辐射范围相对较小，由于冷、热能流的供需特点和传输特性，很少进行远距离传输和大范围供应，并且冷、热能量难以长时间大量储存；②系统内部能源耦合更加紧密，终端一体化类型系统可同时配备多种能源耦合设备，如微燃机、电炉、燃气锅炉、溴冷机、空调、储能设备等。

（一）终端一体化类型系统架构

终端一体化类型系统作为面向用户的终端能源系统，以智能用电系统、低压供气系统、集中式（分布式）供冷（热）系统耦合而成。终端一体化类型系统以用户价值为目标，结合能源转化和存储设备联合运行，通过机组运行工况和储能系统参数，实现了根据用户需求进行高效响应，提高了系统对能量的有效利用和节能率。

终端一体化类型系统的结构具有灵活性，可以根据不同场景的资源与需求，设计出相应的系统结构，最大限度的提高能源的使用效率。具有气、电、热负荷需求的终端一体化类型系统主要包括能源供给侧、能源转化存储部分和需求侧，其中能源供给侧包含气源点、新能源发电机（光伏、风机）及主网；能源转化存储部分包含微型燃气轮机、电锅炉、燃气锅炉及储能设备（电储能、热储能、气储能）；需求侧包含气、电、热负荷。终端一体化类型系统结构如图 3-7 所示。

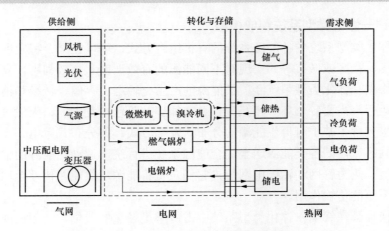

图 3-7　终端一体化类型系统结构

（二）终端一体化类型系统集成数学模型

1. 热电联产系统

微型燃气轮机和溴冷机是热电联产的主要组成单元，其中微型燃气轮机的作用是通过天然气燃烧产生的热能对微燃机做功产生电能，溴冷机是利用微燃机发电产生的烟气高温余热来供应系统热负荷。为简化计算，不计外界环境变化对发电、燃烧效率的影响，其数学模型表示为

$$\begin{cases} P_{H,MTE}(t) = \dfrac{p_{MT}(t)(1 - \eta_{MT} - \eta_L)}{\eta_{MT}} \\ P_{H,MT}(t) = P_{H,MTE}(t)\eta_t C_o \\ H_{MT}(t) = P_{H,MT}(t)\Delta t \end{cases} \tag{3-26}$$

式中：$P_{H,MTE}(t)$ 为 t 时段微燃机发电产生的高温烟气余热功率；$p_{MT}(t)$ 为 t 时段微燃机的发电功率；η_{MT} 为微燃机发电效率；η_L 为微燃机的散热损失率；$P_{H,MT}(t)$ 为 t 时段溴冷机的制热功率；C_o 为溴冷机的制热系数；η_t 为溴冷机的烟气回收率；Δt 为单位调度时间；$H_{MT}(t)$ 为 t 时段溴冷机制热量。

$$P_{gas,MT}(t) = \dfrac{p_{MT}(t)}{\eta_{MT}} \tag{3-27}$$

$$Q_{MT}(t) = \dfrac{p_{MT}(t)\Delta t}{\eta_{MT}(t) \times H_{CVNG}} \tag{3-28}$$

式中：$P_{gas,MT}(t)$ 为 t 时段微燃机发电所消耗的天然气功率；$Q_{MT}(t)$ 为 t 时段微燃机发电所消耗的天然气的流量；H_{CVNG} 为天然气的低热值。

2. 供热锅炉

电锅炉因为其安装简单、节省空间、安全环保等优点常被应用于微网内。电锅炉作为电转热的设备，加强了热网和电网之间的耦合，其数学模型表示为

$$\begin{cases} P_{H,EB}(t) = P_{EB}(t)\eta_{EB} \\ H_{EB}(t) = P_{H,EB}(t)\Delta t \end{cases} \tag{3-29}$$

式中：$P_{\mathrm{H,EB}}(t)$ 为 t 时段电锅炉制热消耗的电功率；$P_{\mathrm{EB}}(t)$ 为 t 时段电锅炉的制热功率；η_{EB} 为电锅炉的电—热转化效率；$H_{\mathrm{EB}}(t)$ 为 t 时段电锅炉的制热量。

在气电热综合能源系统中，燃气锅炉作为主要的生产热源设备之一，不仅起到供热设备的作用，满足系统所需的热负荷，同时还作为天然气网络和供热网络之间耦合设备，增加系统的耦合特性，促进了能量的协同利用，其数学模型表示为

$$\begin{cases} P_{\mathrm{H,GSF}}(t) = P_{\mathrm{gas,GSF}}(t)\eta_{\mathrm{GSF}} \\ Q_{\mathrm{GSF}}(t) = P_{\mathrm{gas,GSF}}(t) \times \Delta t / H_{\mathrm{CVNG}} \\ H_{\mathrm{GSF}}(t) = P_{\mathrm{H,GSF}}(t)\Delta t \end{cases} \tag{3-30}$$

式中：$P_{\mathrm{H,GSF}}(t)$ 为 t 时段燃气锅炉制热所消耗的天然气功率；$P_{\mathrm{gas,GSF}}(t)$ 为 t 时段燃气锅炉的制热功率；η_{GSF} 为燃气锅炉的气—热转化效率；$H_{\mathrm{GSF}}(t)$ 为 t 时段燃气锅炉生产的热量；$Q_{\mathrm{GSF}}(t)$ 为 t 时段燃气锅炉制热所消耗的天然气流量。

3. 储能设备模型

（1）储能设备模型。储能设备的引入有利于综合能源系统的用电负荷实现灵活调度，降低系统运行成本，对调峰、备用、需求响应等服务起到重要作用。电储能设备中剩余电量可以用设备的充、放电功率和充、放电效率表示为

$$E_{\mathrm{EES}}(t) = E_{\mathrm{EES}}(t-1) + \left[\eta_{\mathrm{ele,store}} P_{\mathrm{ele,store}}(t) - \frac{P_{\mathrm{ele,store}}}{\eta_{\mathrm{ele,store}}}(t) \right] \Delta t \tag{3-31}$$

式中：$E_{\mathrm{EES}}(t)$ 为 t 时段电储能设备中的剩余电量；$P_{\mathrm{ele,store}}(t)$、$\eta_{\mathrm{ele,store}}(t)$ 分别为 t 时段电储能设备充电功率和充放电效率。

（2）热储能设备模型。热储能设备的剩余热量与输入（输出）的热功率和热效率相关，表示为

$$H_{\mathrm{TES}}(t) = H_{\mathrm{TES}}(t-1) + \left[\eta_{\mathrm{h,store}} P_{\mathrm{h,store}}(t) - \frac{P_{\mathrm{h,release}}}{\eta_{\mathrm{h,release}}}(t) \right] \Delta t \tag{3-32}$$

式中：$H_{\mathrm{TES}}(t)$ 为 t 时段热储能设备中的剩余热量；$P_{\mathrm{h,store}}(t)$、$\eta_{\mathrm{h,store}}$ 分别为 t 时段热储能设备的输入热功率和效率；$P_{\mathrm{h,release}}(t)$、$\eta_{\mathrm{h,release}}$ 分别为 t 时段热储能设备的输出热功率和效率。

（3）气储能设备模型。气储能设备工作原理的数学模型与抽水储能类似，气储能中第 t 个调度时段的剩余气量与该时刻输出（输出）的气功率和效率有直接关系，表示为

$$Q_{\mathrm{GES}}(t) = Q_{\mathrm{GES}}(t-1) + \left[\frac{\eta_{\mathrm{gas,store}} P_{\mathrm{gas,release}}(t)}{H_{\mathrm{CVNG}}} - \frac{P_{\mathrm{gas,release}}(t)}{\eta_{\mathrm{gas,release}} H_{\mathrm{CVNG}}} \right] \Delta t \tag{3-33}$$

式中：$Q_{\mathrm{GES}}(t)$ 为 t 时段气储能设备中的剩余气量；$P_{\mathrm{gas,store}}(t)$、$\eta_{\mathrm{gas,release}}$ 分别为 t 时段气储能设备的输入的气功率和效率；$P_{\mathrm{gas,release}}(t)$、$\eta_{\mathrm{gas,store}}$ 分别为 t 时段气储能设备的输出气功率和效率。

（三）终端一体化类型系统运行模型

终端一体化类型系统的出力根据用户需求进行高效响应，而集成模型中含有对电、气、热三种能量的储能设备增加了系统对于负荷需求的调节能力，提高了集成模型对负

荷的跟踪能力。终端一体化类型系统的负荷平衡表示为

$$
\begin{cases}
Q_{\text{source}}(t) - Q_{\text{GSF}}(t) - Q_{\text{MT}}(t) + Q_{\text{GES}}(t) - Q_{\text{GES}}(t-1) = Q_{\text{load}}(t) \\
P_{\text{MT}}(t) + P_{\text{PV}}(t) + P_{\text{WT}}(t) - P_{\text{EB}}(t) + P_{\text{ele,release}}(t) - P_{\text{ele,store}}(t) + P_{\text{BGEX}}(t) - P_{\text{SGEX}}(t) = P_{\text{load}}(t) \\
H_{\text{MT}}(t) + H_{\text{EB}}(t) + H_{\text{GSF}}(t) + H_{\text{TES}}(t) - H_{\text{EB}}(t-1) = H_{\text{load}}(t)
\end{cases}
\tag{3-34}
$$

式中：$P_{\text{MT}}(t)$ 为 t 时段光伏的输出功率；$P_{\text{PV}}(t)$ 为 t 时段风机的输出功率；$P_{\text{load}}(t)$ 为 t 时段终端一体化类型系统的电负荷需求；$H_{\text{load}}(t)$ 为 t 时段终端一体化类型系统的热负荷需求；$Q_{\text{source}}(t)$ 为 t 时段气源点的天然气输出量；$Q_{\text{load}}(t)$ 为 t 时段终端一体化类型系统的气负荷需求。

电、气、热储能设备中能量的输入、输出需要满足功率约束，且功率约束的形式相同，为了避免公式过于繁琐，采用同一功率符号表示为

$$
\begin{cases}
u_{\text{s}}(t)P_{\text{smin}} \leqslant P_{\text{store}}(t) \leqslant u_{\text{s}}(t)P_{\text{smax}} \\
u_{\text{r}}(t)P_{\text{rmin}} \leqslant P_{\text{release}}(t) \leqslant u_{\text{r}}(t)P_{\text{rmax}}
\end{cases}
\tag{3-35}
$$

式中：$P_{\text{store}}(t)$ 和 $P_{\text{release}}(t)$ 分别为 t 时刻储能设备的充、放功率；P_{smin} 和 P_{smax} 分别为储能设备输入能量的最小、最大限值；P_{rmin} 和 P_{rmax} 分别为储能设备输出能量的最小、最大限值；$u_{\text{s}}(t)$、$u_{\text{r}}(t)$ 为 t 时刻储能设备的储放状态，具体公式表示为

$$
\begin{cases}
u_{\text{s}}(t) = \{0,1\} \\
u_{\text{r}}(t) = \{0,1\}
\end{cases}
\tag{3-36}
$$

式中：t 时刻储能设备的充放状态用 0 和 1 分别表示工作和不工作。为保证模型计算过程中储能设备不会在 t 时刻内出现同时充放的情况，引入下述公式

$$
0 \leqslant u_{\text{s}}(t) + u_{\text{r}}(t) \leqslant 1
\tag{3-37}
$$

终端一体化类型系统中可控单元的爬坡情况和限制条件可表示为

$$
\begin{cases}
-R_{\text{MT,down}}\Delta t \leqslant P_{\text{MT}}(t) - P_{\text{MT}}(t-1) \leqslant R_{\text{MT,up}}\Delta t \\
-R_{\text{EB,down}}\Delta t \leqslant P_{\text{EB}}(t) - P_{\text{EB}}(t-1) \leqslant R_{\text{EB,up}}\Delta t \\
-R_{\text{GSF,down}}\Delta t \leqslant P_{\text{GSF}}(t) - P_{\text{GSF}}(t-1) \leqslant R_{\text{GSF,up}}\Delta t
\end{cases}
\tag{3-38}
$$

$$
\begin{cases}
P_{\text{MT,min}} \leqslant P_{\text{MT}}(t) \leqslant P_{\text{MT,max}} \\
P_{\text{EB,min}} \leqslant P_{\text{EB}}(t) \leqslant P_{\text{EB,max}} \\
P_{\text{GSF,min}} \leqslant P_{\text{GSF}}(t) \leqslant P_{\text{GSF,max}}
\end{cases}
\tag{3-39}
$$

式中：$P_{\text{MT,min}}$、$P_{\text{MT,max}}$ 分别为微燃机的出力最小、最大限值；$P_{\text{EB,min}}$、$P_{\text{EB,max}}$ 分别为电锅炉的出力最小、最大限值；$P_{\text{GSF,min}}$、$P_{\text{GSF,max}}$ 分别表示燃气锅炉的出力最小、最大限值；$R_{\text{MT,down}}$、$R_{\text{MT,up}}$ 分别为微燃机的爬坡速率限值；$R_{\text{EB,down}}$ 和 $R_{\text{EB,up}}$ 分别表示电锅炉的爬坡速率限值；$R_{\text{GSF,down}}$ 和 $R_{\text{GSF,up}}$ 别表示燃气锅炉的爬坡速率限值。

第三节　系统集成优化配置及求解

一、集成模型优化准则选择

在实际项目运作过程中，在符合相关能源利用和环保规定的前提下，业主可能会更

多地关注项目的经济效益。但在我国能源结构亟需调整优化的今天，单纯注重经济效益显然是不够的，能源、经济和环境都应作为评价能源工程的相互依存的指标，而优化准则的选择归根到底就是目标函数的选取原则。

（一）单目标评价准则

1. 能效技术指标

能效技术指标是分布式能源系统的热力学性能的直观体现，主要包括一次能源利用效率、一次能源的节能率、㶲效率等。一次能源利用效率是基于热力学第一定律的热力性能评价指标，是系统所有输出的供热与相应消耗的一次能源的比率。系统的一次能源利用率越高，热力性能越好。一次能源利用率 η_1 的定义用公式表示为

$$\eta_1 = \frac{\sum(P_{\text{out}}, Q_{\text{out}})}{\sum G_{\text{f}}} \tag{3-40}$$

式中：P_{out} 为系统输出的有效功；Q_{out} 为输出的冷热量；G_{f} 为输入系统的一次能源量。

一次能源利用率是综合能源服务系统最直观的评价指标，但它把功和热等效看待，只能反映系统能量利用的数量关系，无法区分电（功）、冷、热等品位上的不同，具有相当的局限性。

一次能源的节能率也是一个直观的概念，体现了分布式能源系统与常规基准线情景的能效比较。基准线情景通常为"电网+燃气锅炉+电空调"的模式。

基于热力学第二定律的㶲效率可以更为完善的从"量"和"质"的结合上体现各种功和热在品位上的不等性，将它们合并到一个合理的综合指标中来统一评价。㶲效率 η_2 定义为系统输出的总㶲和输入的总㶲之比，即

$$\eta_2 = \frac{\sum E_{\text{out}}}{\sum E_{\text{in}}} \tag{3-41}$$

式中：E_{out} 为系统输出㶲；E_{in} 为系统输入㶲。

系统的输入㶲基本等于燃料的化学能。系统的输出㶲包括输出的电、冷、热的㶲，其中输出电的都是㶲，而输出的冷量㶲和热量㶲则要打一个折扣，可以由卡诺循环效率所表达的热转化为功的限度来确定。

2. 经济技术指标

工程建设项目本身有一整套的经济评价方法，对项目直接发生的财务效益和费用进行分析计算。项目评价的基准财务参数包括内部收益率、投资回收期、投资利润率等，这些参数着眼于整个项目周期内的经济效益，考虑了资金的时间价值。方案评价的方法有现值法、年金法、净收益费用比率法、投资内部收益率法和投资回收期法。

3. 经济技术指标

环境评价指标最直观的是污染物的排放量。随着市场化改革的深入，为了更有效地实现经济发展和减少环境污染的目标，也需要更多地考虑发挥经济激励手段。排放成本内部化就是一种有效的方法。排放成本内部化可以简单地被称为"排污收费"，即对系统排放的污染物按排放量征收一定的税费，使得排污也成为系统运行的成本之一。目前，美国、瑞典、荷兰等一些发达国家已建立了较为完善的绿色税收制度，例如丹麦政府对

煤电征收能源税和二氧化碳排放税。排污收费鼓励厂商和项目业主努力寻求高能效、低污染的技术方案，这种市场机制比设定排污标准直接管制更有效率。

（二）多目标评价准则

单目标优化只注重了分布式能源系统在某一特定方面的性能，而在实际项目中，需要对多个指标都实现最优化。为了在能源、经济和环境等各方面能综合保持在最佳状态，需要引入多目标评价准则，分布式能源系统的多目标规划问题用公式表示为

$$\begin{cases} V - \min[f_{\text{energy}}(X), f_{\text{economy}}(X), f_{\text{environment}}(X)]^T \\ \text{s.t } g(X) \leqslant 0, i = 1, 2, \cdots, m \end{cases} \quad (3\text{-}42)$$

式中：f_{energy}、f_{economy}、$f_{\text{environment}}$ 分别为能源、经济和环境相关的评价目标函数；g_i 为相关的约束函数。

在一般投资效益评估的案例中，净现值法是一种常用的方法，它是将某一投资方案的各个现金流量，全部换算到以现在为基准的时间或是某一特定时间，在相同的时间基础上比较各期净现金流量与投入成本的大小，作为判断投资计划可行性的依据。

f_{economy} 表达式为

$$f_{\text{economy}} = C_{\text{fuel}} + C_{\text{maintenance}} - (C_{\text{heating}} + C_{\text{cooling}} + C_{\text{electricity}}) \quad (3\text{-}43)$$

式中：C_{heating}、C_{cooling}、$C_{\text{electricity}}$ 分别为系统售热、售冷、售电所取得收益；C_{fuel} 为消耗的燃料和购电费用；$C_{\text{maintenance}}$ 为系统运行维护成本。

$f_{\text{environment}}$ 采用计算排污费用的评价目标函数，对排放征收的税费为

$$\begin{aligned} f_{\text{environment}} = Tax_{\text{NO}_x} \bullet Emission_{\text{NO}_x} + Tax_{\text{CO}_2} \bullet Emission_{\text{CO}_2} \\ + Tax_{\text{SO}_2} \bullet Emission_{\text{SO}_2} + Tax_{\text{PO}} \bullet Emission_{\text{PO}} \end{aligned} \quad (3\text{-}44)$$

式中：Tax 为污染物的环境价值，元/kg；$Emission$ 为系统污染物排放量；下标 NO_x、CO_2、SO_2 和 PO 分别为氮氧化物、二氧化碳、二氧化硫、烟尘四种污染物。

$f_{\text{environment}}$ 采用排污收费而不是直接的排放量作为评价标函数，这种处理方式的好处是把问题从计算环境评价函数转为计算经济评价函数，即 f_{energy} 与 f_{economy} 合并为追求经济效益最大化的同一问题。

求解多目标规划的最基本方法为评价函数法，其基本思想是借助几何或应用中的直观背景，构造所谓评价函数，将多目标优化问题转化为单目标优化问题，然后利用单目标优化问题的求解方法求出最优解，并把这种最优解当作多目标优化问题的最优解。其中的 f_{economy} 和 $f_{\text{environment}}$ 已可以合并为同一问题，再采用线性加权法构造评价函数，可多目标规划问题转化成了单目标问题，用公式表示为

$$\begin{cases} \min F(X) = \omega_1 f_{\text{energy}}(X) + \omega_2[f_{\text{economy}}(X) + f_{\text{environment}}(X)] \\ \text{s.t. } g_i(X) \leqslant 0, i = 1, 2, \cdots, m \end{cases} \quad (3\text{-}45)$$

式中：ω_i 为加权因子，$\Sigma \omega_i = 1$。

二、运行调度约束条件

为了保证系统稳定运行，还需要建立相关的约束条件包括集成模型的负荷供需平衡

方程,动力装置供能平衡方程及燃气锅炉、余热锅炉、供热流量和供冷流量等约束条件。

综合能源服务系统集成模型的运行调度约束主要包括以下几个方面。

(1)集成模型的负荷供需平衡约束。

$$\sum_{i=1}^{I} P_{t,i}^{\text{power}} + \sum_{n=1}^{N} P_{t,n}^{\text{re}} = \sum_{j} Q_t^j + \sum_{k} Q_t^k + \sum_{j} P_t^j + \sum_{k} P_t^k \quad (3-46)$$

式中:$P_{t,i}^{\text{power}}$ 为第 i 种能源在第 t 时段内的发电机组电功率,其中发电机组包括燃气内燃机发电机组和燃气汽轮机发电机组;$P_{t,n}^{\text{re}}$ 为第 n 种可再生能源在第 t 时段内的发电功率;Q_t^j 为在 t 时段第 j 种供热设备的供热量;Q_t^k 为在 t 时段第 k 种供热设备的供热量;P_t^j 为在 t 时段第 j 种供热设备的耗电功率;P_t^k 为在 t 时段第 k 种供热设备的耗电功率。

(2)集成模型的动力装置供能约束。

$$\begin{cases} g_{\text{power}}^{\min}(t) \leqslant g_{\text{power}}(t) \leqslant g_{\text{power}}^{\max}(t) \\ g_{\text{power.h}}^{\min}(t) \leqslant g_{\text{power.t}}(t) \leqslant g_{\text{power.t}}^{\max}(t) \end{cases} \quad (3-47)$$

式中:$g_{\text{power}}^{\max}(t)$、$g_{\text{power}}^{\min}(t)$ 分别为动力装置发电出力的上限、下限;$g_{\text{power.h}}^{\min}(t)$、$g_{\text{power.t}}(t)$ 分别为燃气轮机产热的上限、下限。

(3)集成模型的燃气锅炉约束。

$$g_{\text{GB}}^{\min} \leqslant g_{\text{GB}}(t) \leqslant g_{\text{GB}}^{\max} \quad (3-48)$$

式中:$g_{\text{GB}}^{\max}(t)$、$g_{\text{GB}}^{\min}(t)$ 分别为燃气锅炉出力的上限、下限。

(4)集成模型的储能设备约束。储能设备在运行过程中,约束条件包含储量范围约束和蓄放功率限制,用公式表示为

$$\underline{E}_{\text{SK}}(t) \leqslant E_{\text{SK}}(t) \leqslant \overline{E}_{\text{SK}}(t) \quad (3-49)$$

$$0 \leqslant Q_{\text{SK.c}}(t) \leqslant \overline{Q}_{\text{SK}}(t) \quad (3-50)$$

$$0 \leqslant Q_{\text{SK.d}}(t) \leqslant \overline{Q}_{\text{SK}}(t) \quad (3-51)$$

式中:$\underline{E}_{\text{SK}}(t)$ 为储能设备的储热(冷)量下限;$\overline{E}_{\text{SK}}(t)$ 为储能设备的储热(冷)量上限;$\overline{Q}_{\text{SK}}(t)$ 为储能设备的蓄热(冷)功率上限;$Q_{\text{SK}}(t)$ 为储能装置的释放热(冷)功率上限。

(5)集成模型的余热锅炉约束。动力装置产生的余热被锅炉收集,其输出功率与热电比有关,表示为

$$g_{\text{WHB}} = \gamma_{\text{power}} \cdot g_{\text{power}}(t) \quad (3-52)$$

式中:γ_{power} 为热电比。

$$0 \leqslant g_{\text{WHB}}(t) \leqslant g_{\text{WNB}}^{\max} \quad (3-53)$$

式中:$g_{\text{WNB}}^{\max}$ 为余热功率的安装容量。

(6)综合能源服务系统与电网进行功率交换。

$$\begin{cases} 0 \leqslant P_{\text{gr},t}(t) \leqslant S_{\text{b},t} P_{\text{gr}}^{\max} \\ 0 \leqslant P_{\text{gr},t} \leqslant S_{\text{s},t} P_{\text{gr}}^{\max} \\ S_{\text{b},t} + S_{\text{s},t} \in (0,1) \end{cases} \quad (3-54)$$

式中：P_{gr}^{max} 为微能源网与电网进行功率交换的上限值，$S_{b,t}$、$S_{s,t}$ 分别为第 t 时段微能源网向电网购买、出售电功率的状态值（0/1），且不能同时进行。

（7）供热流量约束。

$$F_{i,H}^{min} \leqslant F_{i,H}(t) \leqslant F_{i,H}^{max} \tag{3-55}$$

式中：$F_{i,H}(t)$ 为供热网节点 i 在 t 时刻的供热流量；$F_{i,H}^{max}$、$F_{i,H}^{min}$ 分别为供热网节点 i 的最大、最小供热流量。

（8）供冷流量约束。

$$F_{i,C}^{min} \leqslant F_{i,C}(t) \leqslant F_{i,C}^{max} \tag{3-56}$$

式中：$F_{i,C}(t)$ 为供热网节点 i 在 t 时刻的供冷流量；$F_{i,C}^{max}$、$F_{i,C}^{min}$ 分别为供热网节点 i 的最大、最小供冷流量。

（9）燃气流量约束。

$$F_{i,G}^{min} \leqslant F_{i,G}(t) \leqslant F_{i,G}^{max} \tag{3-57}$$

式中：$F_{i,G}(t)$ 为供热网节点 i 在 t 时刻的供冷流量；$F_{i,G}^{max}$、$F_{i,G}^{min}$ 分别为供热网节点 i 的最大、最小供冷流量。

（10）电网电压约束。

$$U_i^{min} \leqslant U_i(t) \leqslant U_i^{max} \tag{3-58}$$

式中：$U_i(t)$ 为在 t 时刻节点 i 的电压值；U_i^{min} 和 U_i^{max} 分别为节点 i 的电压最大、最小值。

第四章　综合能源服务的商业模式

第一节　综合能源服务业务

一、业务特征

综合能源服务业务是受新能源技术、云大物移智链等技术驱动,适应用户日益增长的多样化差异化用能需求提供的能源服务。综合能源服务业务具有如下主要特征。

(1)能源综合性。综合能源服务业务是以"能源"为核心,涵盖横向"电热冷气水"多能互补、纵向"源网荷储用"全产业链、垂向设备制造、规划、设计、建设、运营、投融资等各环节,综合衍生出的能源相关业务。

(2)品种多样性。电、热、冷、气等供能品种的多样性及安全、质量、高效、环保、低碳、智能等服务内容的多元化,催生综合能源服务业务种类繁多,内容多样。

(3)需求导向性。综合能源服务业务是受消费驱动,以用户为中心的服务模式,致力于满足用户日益增长的个性化和差异化消费需求。

(4)创新驱动性。综合能源服务业务是基于云大物移智链等技术与能源深度融合,经能源定制、能源集成、能源跨界等模式持续创新驱动,进而不断衍生新模式新业态。

(5)生态共建性。综合能源服务业务涉及能源生产消费全产业链,业务种类繁多,涉及的技术面广且差异大,要求多领域市场主体协同合作,共商共建共享,赋能综合能源服务业务。

二、业务范围

综合能源服务业务范围广,涉及类型多。为统一梳理所涉及的业务,借鉴国际国内实践经验,按照要素覆盖齐全的原则,将综合能源服务业务分为能源生产、能源输配、能源消费、能源交易四大环节,共梳理了37项业务类型。见表4-1。

表4-1　　　　　　　　　　综合能源服务涵盖的主要业务

能源服务环节	业　务　类　型
能源生产	①用能规划设计; ②多能互补清洁能源基地建设与运营; ③区域多能供应能源站建设与运营; ④分布式可再生能源站建设与运营; ⑤能源工程建设服务; ⑥发电侧储能建设与运营; ⑦能源生产设备制造销售; ⑧能源设备租赁服务; ⑨能源投融资服务

续表

能源服务环节	业 务 类 型
能源输配	①综合供能网络建设与运营； ②集中供热管网建设； ③智能电网； ④增量配电网建设与运营； ⑤微电网建设与运营； ⑥电网侧储能建设与运营； ⑦综合能源智慧控制服务平台建设； ⑧输配电设备制造销售
能源消费	①用户能效及用能成本监测； ②用户用能诊断； ③综合智慧能源服务平台建设； ④能源大数据信息服务； ⑤电能替代服务； ⑥用户侧储能服务； ⑦充电桩建设及运营服务； ⑧节能技术改造； ⑨环保技术改造； ⑩需求侧管理； ⑪智能能量管理； ⑫检修运维服务； ⑬节能设备制造销售； ⑭用能解决方案咨询服务
能源交易	①电力市场交易代理服务； ②分布式能源交易代理服务； ③大宗能源商品交易服务（石油、煤炭、液化天然气）； ④能源衍生品交易代理服务（绿证、碳交易、期权、期货）； ⑤火电厂副产品（灰渣、石膏）回收利用； ⑥虚拟电厂

（一）能源生产

能源生产端涵盖了能源生产项目的设计、咨询、规划、运营、服务、设备销售等诸多环节。

（1）用能规划设计。对接政府能源规划，重点为园区、企业提供能源供应系统规划设计服务，提供水、电、气、冷等多能源整体供应解决方案，通过收取服务费获取收益。

（2）多能互补清洁能源基地建设与运营。建设与运营多能互补清洁能源基地，利用不同形式能源出力特性的不同实现电源间发电互补，同时可利用储能系统将具有发电间歇性、不稳定性的新能源电能转换为化学能、势能、动能、电磁能等形态进行存储，并在需要时重新转换为电能释放，以达到调频调峰、增强电站出力稳定性、优化出力功率曲线及增加发电量的目的。

（3）区域多能供应能源站建设与运营。以分布式能源为主建设区域多能供应能源站，实现包括供冷、供热、供电、供气、供水的综合能源服务。区域多能供应通过能源梯级利用和多能源协同优化，提高能源综合利用水平。

（4）分布式可再生能源站建设与运营。建设及运营以分散式风电、分布式光伏、生物质发电、地热发电等采用就地发电、就地供电为主的分布式可再生能源站，减少能源

输配损耗，提升能源利用效率。

（5）能源工程建设服务。针对发电侧工程建设提供的多种相关服务，通过赚取工程承包费用获取收益。

（6）发电侧储能建设与运营。发电侧储能系统的建设与运营，通过赚取工程承包费用或托管运营费用获取收益。

（7）能源生产设备制造销售。能源生产设备的制造销售维护等，通过设备销售及相关售后服务获取收益。

（8）能源设备租赁服务。能源生产相关设备的租赁服务，通过收取租赁费获取收益。

（9）能源投融资服务。能源生产过程中提供的投融资服务，逆过赚取服务费获取收益。

（二）能源输配

（1）综合供能网络建设与运营。建设和运营包含供电、供热、供冷、供气（汽）、供水等的综合供能网络，通过赚取过网费获取收益。

（2）集中供热管网建设。在有条件的地区开展集中供热管网的建设和集中供热改造，通过赚取过网费获取收益。

（3）智能电网。通过先进的传感和测量技术、设备技术、控制方法及决策支持系统，建设集成的、具有高速双向通信网络的智能电网，实现电网的可靠、安全、经济、高效、环境友好的目标。

（4）增量配电网建设与运营。开展增量配电网的建设运营，逆过赚取过网费及增值服务获取收益。

（5）微电网建设与运营。由分布式电源、储能装置、能量转换装置、负荷、监控和保护装置等组成的小型发配电系统，解决多种分布式电源灵活并网的问题。

（6）电网侧储能建设与运营。电网侧的储能建设与运营业务，通过平抑负荷的突增和突降赚取辅助服务费用。

（7）综合能源智慧控制服务平台建设。应用云、大、物、移、智、链技术，建设综合能源智慧控制平台，实现综合能源项目集成"源、网、荷"等数据信息，具有多能源场景管控和商业模式应用功能，实现多能源子系统的协调规划、运行优化、管理协同、交互响应和互补互济，满足多样化用能需求，有效提升能源系统效率。

（8）输配电设备制造销售。输配电相关设备的制造销售，通过赚取设备销售费用获取收益。

（三）能源消费

（1）用户能效及用能成本监测。对用户重点用能设备实施用能在线监测，定期为用户提供用能分析报告和能效优化建议，加强节能管理，降低用户用能支出，通过收取服务费获取收益。

（2）用户用能诊断。在采集用户用能数据的基础上，对用户的用能情况进行诊断，实现用户用能智能诊断，通过为用户提供用能诊断收取服务费获取收益。

（3）综合智慧能源服务平台建设。以用户业务应用场景为基础，设计模块化平台产

品，开展直销和潜在用户的基础信息、能源消费信息和实时用能信息的收集分析，优化用户能源供给运行策略，为用户提供智能调控、需求响应、价格预测、能源数据挖掘等多种形态的平台服务，促进能源领域跨行业的信息共享与业务交融，加强与龙头互联网技术企业合作，向政府机构和能源服务商开放，满足政府能效监管及服务商的专业数据需求，开展与工商业产业链的资源汇聚，加强与工业互联网的融合，构建有竞争力的业务模式和生态圈。

（4）能源大数据信息服务。建立大数据分析平台，汇集各地业务平台数据，具备大数据分析展示、策略制定、业务管控、跟踪评估、信息交流、项目合作等功能。结合用户内部能效数据资源，开展多维度分析，深入挖掘数据价值，为用户提供增值服务。

（5）电能替代服务。通过电力能源来代替传统燃料，主要包括以电能替代散烧煤、试点电采暖、地能热泵、工业电锅炉、农业电排灌、船舶岸电、机场桥载设备、电蓄能调峰等，不断提高电能占终端能源消费比重。

（6）用户侧储能服务。在用户侧建设储能设施，通过平抑负荷的突增和突降赚取辅助服务费用。

（7）充电桩建设及运营服务。建设及运营电动汽车充电桩，通过赚取充电费获取收益。

（8）节能技术改造。提供包括用户侧节能改造、合同能源管理的多种服务，通过赚取服务费获利。

（9）环保技术改造。提供污染物排放环保技改服务，通过赚取服务费获取收益。

（10）需求侧管理。分析用户用能特点，充分挖掘用户可转移、可中断负荷资源，代理用户参与电力需求响应，获取政府电力需求响应激励资金，收取代理服务费获取收益。

（11）智能能量管理。提供包括能量流的监测、诊断、管理等多种服务。

（12）检修运维服务。对用能设备、配电设施等开展专业化智能运维，提供精准故障诊断和状态检修服务，提高用户用能稳定性，保障用电安全，通过收取运维费获取收益。

（13）节能设备制造销售。通过赚取设备销售费用获取收益。

（14）用能解决方案咨询服务。开展用能解决方案的咨询服务，通过赚取服务咨询费用获取收益。

（四）能源交易

（1）电力市场交易代理服务。代理用户参加电力中长期、现货、辅助服务等交易，优化配置交易品种，为用户获取优惠的电能等能源供应价格，收取购售价差、代理服务费获取收益。

（2）分布式能源交易代理服务。代理分布式能源销售服务，通过合理配置交易品种、多类型用户风险对冲和用能预测，为用户获取优惠的电能等能源供应价格，收取代理服务费获取收益。

（3）大宗能源商品交易服务（石油、煤炭、液化天然气）。代理大宗能源商品，如石油、煤炭、液化天然气等能源销售服务，赚取能源商品价差或代理服务费。

（4）能源衍生品交易代理服务（绿证、碳交易、期权、期货）。随着市场机制逐步完善，代理绿证、碳资产、期权、期货等能源交易服务，收取代理服务费。

（5）火电厂副产品（灰渣、石膏）回收利用。将火电厂副产品（灰渣、石膏）直接售卖或加工成其他商品售卖，赚取相应收益。

（6）虚拟电厂。应用先进的信息通信技术和软件系统，建设虚拟电厂，实现分布式电源、储能系统、可控负荷等分布式能源的聚合和协调优化，通过电能量、辅助服务、需求侧响应等方式获取综合收益。

三、市场主体业务开展特点

我国正处于能源转型的关键时期，能源行业重心从"保障供应"转向"以用户为中心的能源服务"。在当前能源产业革命加快推进、能源领域改革不断深入的背景下，综合能源服务以其创新的商业模式、巨大的市场需求、迅猛的增长速度，备受各界关注。综合能源服务业务是各类企业适应国际国内新形势，对内优化内部资产、推动清洁高效发展，对外吸引用户、抢占市场占有率的重要手段，是扩展发展新途径、培育新动能和效益增长点的重要方向，是增强企业可持续发展能力的必然选择。

目前，发电、油气、电网、新兴技术公司等各类企业已纷纷提出向综合能源服务商转型，将自身未来的收益增长点聚焦到综合能源服务领域。面对激烈的市场竞争和新兴业态，不同服务主体在综合能源服务领域具有各自的竞争优势。

（一）发电企业

随着煤炭去产能等措施的实施，发电设备平均利用小时数不断下降，发电企业面临的国内外形势越来越严峻，发展综合能源服务成为发电企业突破传统思维、推动转型升级、培养新动能的有效途径之一。发电企业主营发电业务，在此基础上形成了一定的规模效益，具有较强的竞争和发展优势，主要体现在市场占有、资源供给和技术支撑等方面，为其开展综合能源服务业务打下了坚实的基础。

（1）发电企业大多数属于国资委监管的大型国有企业，开展综合能源服务业务有着良好的品牌优势。同时，大多数发电企业建设在热负荷集中的区域，对能源及资源的需求可以形成集约效应，具有天然的能源供给市场渠道优势和区位优势。

（2）发电企业在发电、供热、供水、燃料供给等方面具有资源优势。除了在发电、供热等方面具有传统优势之外，在供水方面，电厂的补给水、无盐水、工业水及中水系统都有一定的余量，可以与就近的需求市场实现供水的品质梯级利用；在运输资源方面，电厂一般都有自建和运营的仓储空间、港口与码头，这也为发电企业开展综合能源服务提供了保障。

（3）发电企业拥有涉及水、电、气、热、冷全方位的专业技术人员，并且人员层次较高。在能源服务领域，可以快速地切入市场并提供专业的服务，为综合能源服务业务开展提供了坚实的人才支撑。同时，发电企业配套措施完善，能够快速建立与市场竞争和业务拓展相适应的人才选拔、使用、激励和开发机制。

（4）发电企业在相关专业板块具有较为丰富的实践经验，同时具有雄厚的资金储备和融资能力，有能力提供与综合能源服务布局相适应、发展需求相协调的资金保障和金融服务。

（二）油气企业

在国家调整能源消费结构，建设清洁低碳、安全高效的能源体系的过程中，油气企业将成为承担能源转型的主力之一，发挥更积极的作用。在综合能源服务业务中，油气企业掌握能源上游产业，具有较强的竞争力，同时在融资能力、市场占有、人才储备方面也有很强的基础，在开展综合能源服务方面具有一定的发展前景。

（1）油气企业掌握天然气资源和技术，在天然气产业链上掌握了大量重资产，在围绕以气为中心的综合能源服务业务方面具有很大的优势。同时，我国天然气消费量呈现上升趋势，燃气业务具有一定的发展前景，这也为油气公司发展综合能源服务提供了一定保障。

（2）油气企业同样具有相对较大的用户资源，而且具备天然气热电联产、天然气分布式等运营经验，本身已经占据一定的供热市场，开展综合能源服务将进一步拓展其供热市场的开发空间。

（3）油气企业在油气产业链上的资产投资与建设为其储备了大量专业技术人员，有利于其向综合能源服务领域的延伸。

（三）电网企业

电网企业作为电力传输的枢纽环节，输配电和售电是其主营业务，天然具备电网资产、用户资源、用能信息等方面的资源优势，在发展综合能源服务业务方面具有较好的基础条件和优势。

（1）电网企业拥有庞大的电网资产，丰富的基础设施建设、投资、运营经验，同时在电网安全稳定与控制技术、电网经济运行技术、设备集成应用技术等方面取得了一批国际先进、拥有自主知识产权的科研成果，技术创新能力强。

（2）电网企业已经开展综合能源服务业务多年，取得了一定效果，业务布局覆盖了能源生产、输送和消费，为未来综合能源服务业务的拓展打下了基础。

（3）电网企业拥有庞大的用户资源，这一方面为综合能源服务平台建设运行提供了数据来源，另一方面又为能源互联网及多能互补系统的发展提供坚实的基础。

（4）电网企业在管理、技术及业务方面拥有大量的人才储备，并且拥有市场化服务公司所不具备的雄厚资金和融资能力。

（四）新兴技术公司

在综合能源服务市场逐渐显示出巨大潜力之际，新兴技术公司抓住市场契机，积极推进综合能源服务，在战略转型决策、人才技术能力等方面展现出相应的优势。

（1）新兴技术公司响应灵活，能够较快地捕捉市场改革带来的契机，并完成相应的决策，这在占有市场先机方面具有一定的优势。

（2）新兴技术公司一般以自身独特的优势点作为市场占有的主推方向，在人才技术方面容易形成集约效应，有助于其快速占有市场与获取用户。

第二节　综合能源服务商业模式

一、综合能源服务运营模式

随着综合能源服务新业务模式的出现，打破了不同能源品种单独规划、单独设计、单独运行的传统模式，对应的综合能源服务的运营模式也发生了变化。目前，主要的商业模式包括建造—运营—移交模式、合同能源管理等8种方式，见表4-2。

表 4-2　　　　　　　　　　综合能源服务的主要运营模式

运营模式类别	具 体 内 容
BOT 模式 （建造－运营－移交模式）	项目由综合能源服务供应商投资建设，并负责运营，至约定年限后，移交给用户
BOO 模式 （建设－拥有－经营模式）	项目完全由综合能源服务供应商投资、建设、运营
EMC 模式 （合同能源管理模式）	由综合能源服务供应商投资并实施项目，用户在获得节能效益后，再以节约的能源费用支付综合能源服务供应商项目投资成本，包括能源费用托管型、节能量保证型和节能效益分享型三种
PPP 模式 （公共部门－私营企业－合作模式）	由综合能源服务供应商负责项目规划、设计、投资、建设和运营，采用政府付费或用户付费的方式收回投资
BT 模式 （建设－移交模式）	由综合能源服务供应商出资进行节能改造，用户按照合同约定的总价分期支付，由综合能源服务供应商将工程移交给用户
BSO 模式 （建设－出售－运营）	由能源电力企业等开发主体完成项目建设后，将项目公司的全部或部分股权出售给机构投资者，并与机构投资者签订长期运维合同
工程模式	由用户出资，委托综合能源服务供应商进行节能改造
运维服务模式	由用户出资，委托综合能源服务供应商进行日常运维服务管理，根据服务提供年限收费

当前综合能源服务运营模式仍以传统的合同能源管理为主，能源托管模式逐步普及。随着新业务的诞生，创新商业模式将逐一显现，如重资产项目可采用 BSO（建设—出售—运营）模式，通过资产出售，降低投资风险。截至 2019 年底，欧洲主要能源电力企业已通过此模式获利超 10 亿美元。

二、综合能源服务盈利模式

综合能源服务盈利模式应充分结合用户的不同需求，通过为用户创造价值来获得多种形式的服务收益。除各能源企业常规主营盈利方式外，结合用户需求的综合能源服务盈利模式主要从满足用户以下六个方面的需求着手。

（1）满足用户降低初始设备投资的需求。可采用合同能源管理、BOT、BOO 等运营方式及开展金融租赁等业务，减少用户大量初始资金的投入，通过金融服务、节能效益获取一定收益。

（2）满足用户减少能源购入价格的需求。综合能源服务商可通过为用户提供能源交易代理服务、热电联供、分布式新能源开发、增量配电网、需求侧管理、用户侧储能等

服务，通过收取服务费、投资分享、工程实施、项目运营等方式获取一定收益。

（3）满足用户降低能源消费总量的需求。综合能源服务商为用户提供用能监控、能效诊断、节能改造、电能替代、电能质量管理、节能方案咨询等服务，通过项目投资、节能效益、技术服务费等方式获取一定收益。

（4）满足用户减排和环保方面的需求。综合能源服务商可开展热电联供、分布式新能源开发、电能替代、充电桩建设运营及污水治理、脱硫脱硝等环保技术改造等服务，通过项目投资、冷热能源费用、咨询服务、工程实施等方式获取一定收益。

（5）满足用户减少管理成本的需求。综合能源服务商可提供检修运维服务、需求侧管理、智慧服务平台、数据分析、专用充电站服务等服务，通过收取劳务费、服务费等方式获取收益。

（6）满足用户智能化的需求。综合能源服务商可提供能源智慧控制服务平台建设、智能能量管理、大数据信息等服务，通过收取服务费等方式获取收益。

三、典型综合能源服务商业模式

1. 大规模水风光储的联合发电模式

利用水、风、光等资源优势，建设水风光储互补的清洁能源基地，应用水风光储多组态、多功能、可调节、可调度的联合发电模式，提升水风光电利用效率，提升供能灵活性，提供电力供应及辅助服务，促进清洁能源的发展和消纳。

2. "一体化综合能源供应+综合服务"模式

开展"源网荷储"一体化综合能源站项目，建设运营配电、热、冷、气、水等综合供能网络，为用户提供以天然气冷热电三联供为主的多能就地供应，提供电、热、冷、气、水等能源产品的直销服务，以及提供能效监控、诊断、优化、节能改造、运维检修、电能替代、需求侧管理等综合用能服务，推进用能的梯级利用最大化，实现用户用能消费盈余的最大挖掘。

3. "配售电+增值服务"模式

以配电网和售电为切入口，成立配售电公司，为用户提供供电及电能交易代理服务，通过配电服务费、售电代理费、相关增值服务收入、参与辅助服务市场营收等方式获取盈利。其中相关增值服务包括用户用电规划、合理用能、节约用能、安全用电、替代方式等服务；用户智能用电、优化用电、需求响应等；用户合同能源管理服务；综合能源零售套餐；用户用电设备的运行维护；用户多种能源优化组合方案，提供发电、供热、供冷、供气、供水等智能化综合能源服务。辅助服务市场营收主要是通过需求侧可中断负荷等参与独立辅助服务获得相应收入。

4. 发售一体化模式

发售一体化模式是将发电与售电相结合，利用发电资源将电力直接销售给自有售电公司或其他合作售电公司，减少售电公司的购电成本，同时售电公司协助发电资源开拓市场，提升发电资源营收，以此达成发售双方共赢的局面。

5. "平台+综合服务"模式

互联网技术与能源深度融合，构建"平台+综合服务"生态，将能源产业所有参与

者关联起来，提供智能能量管理、能源大数据信息服务、需求侧管理、虚拟电厂等服务。

6. 能源市场交易服务模式

面向社会的电力市场交易、分布式能源交易、碳交易、绿证交易等业务，根据市场改革进程，逐步扩展至电力期货、输电权等其他金融衍生品交易和燃料期货交易。探索开展虚拟电厂运营，发挥分布式电源出力灵活、启动迅速的特点，代理用户参与调频调峰辅助服务市场交易。

7. 设备销售及运维服务模式

提供工业、居民用能设备、配电设施、微电网设施、储能等设备销售及运维服务。

第五章　综合能源服务系统评估

第一节　综合能源服务系统技术评价指标

综合能源服务系统技术评价主要从技术指标上评价系统，即从能源生产环节、能源输配环节、用户环节、电力市场交易环节进行评价。

一、能源生产环节

（一）一次能源利用率

一次能源利用率是指综合能源系统一段时间内（通常为一年内）通过燃烧一次能源产生的热能、冷能、电能的总和与其消耗的燃料能量之比。

$$P_{PER} = \frac{Q_c + Q_h + Q_e}{Q_1} \times 100\% \tag{5-1}$$

式中：P_{PER} 为能源综合利用率，%；Q_c 为系统一年内产生的总冷能，kJ；Q_h 为系统一年内产生的总热能，kJ；Q_e 为系统一年内通过燃烧一次能源产生的总电能，kJ；Q_1 为系统一年内消耗的一次能源总能量，kJ。

$$Q_1 = q_1 \times m_1 \tag{5-2}$$

式中：q_1 为一次能源的热值，kJ/kg；m_1 为一年内多能互补分布式能源系统一次能源消耗量，kg。

（二）年平均余热利用率

余热利用效率即得到回收利用的余热占系统产生总余热资源的比重。

$$V = \frac{Q_{c1} + Q_{h1}}{Q_2 + Q_3} \times 100\% \tag{5-3}$$

式中：V 为年平均余热利用率，%；Q_{c1} 为年余热供热总量，MJ；Q_{h1} 为年余热供冷总量，MJ；Q_2 为排烟温度降至 120℃时可利用的热量（全年），MJ；Q_3 为温度大于或等于 75℃冷却水可利用的热量（全年），MJ。

（三）相对节能率

即使是同一类型的项目，地区不同，项目不同，其规模也可能相差很大，而采用相对节能率指标可以使决策者和消费者直观地看出系统的能效水平和节能效果。相对节能率 ξ_{cchp} 表示系统和参比的传统分产系统燃料消耗量之差与参比的传统分产系统燃料消耗量的比值，是一个小于 100% 的比值。

$$\xi_{cchp} = \frac{E_a - E_r}{E_a} \times 100\% \qquad (5\text{-}4)$$

式中：ξ_{cchp} 为节能率，%；E_r 为系统在统计期内总能耗，kg；E_a 为达到与综合能源服务系统相同的电、冷和（或）热等能量供应时，采用常规独立方式的供电、供冷和供热，参照发电系统设计与建设热工设计的地理分区标准计算得出的总能耗，kg。

（四）可再生能源渗透率

可再生能源渗透率是体现综合能源系统发展水平的一个重要指标。可再生能源属于清洁型能源，在产能的过程中对环境污染小。综合能源系统与配电系统结合的目的一方面是获得较好的能源利用效率，另一方面可以降低环境污染排放，保持其可持续发展的潜力。

1. 可再生能源装机占比

可再生能源装机占比 μ_1 反映了按容量计算时的可再生能源占比。

$$\mu_1 = \frac{S_{Clean}}{S_{All}} \times 100\% \qquad (5\text{-}5)$$

式中：μ_1 为可再生能源装机占比，%；S_{Clean} 为系统可再生能源装孔容量，MW；S_{All} 为系统总装机容量，MW。

2. 可再生能源渗透率

可再生能源渗透率 μ_2 是指系统中可再生能源发电总量与总发电量之比。

$$\mu_2 = \frac{P_{Clean}}{P_{Sym}} \times 100\% \qquad (5\text{-}6)$$

式中：μ_2 为可再生能源渗透率，%；P_{Clean} 为系统可再生能源实际发电量，MWh。P_{Sym} 为系统总发电量，MWh。

3. 可再生能源消纳率

可再生能源消纳率 μ_3 反映了按能量计算时的可再生能源占比。

$$\mu_3 = \frac{P_{Clean}}{P_{All}} \times 100\% \qquad (5\text{-}7)$$

式中：μ_3 为可再生能源消纳率，%；P_{All} 为系统可再生能源最大发电量，MWh。

（五）环境污染物减排量

1. 硫化物减排量 α

$$\alpha = L f_x \qquad (5\text{-}8)$$

式中：α 为硫化物减排量，kg；L 为目标系统在统计时间内节约的总用电量，kWh；f_x 为硫化物减排系数，kg/kWh。

2. 氮氧化物减排量 β

$$\beta = L f_y \qquad (5\text{-}9)$$

式中：β 为氮氧化物减排量，kg；f_y 为氮氧化物的减排系数，kg/kWh。

3. 二氧化碳减排量

$$\gamma = L f_z \qquad (5\text{-}10)$$

式中：γ 为二氧化碳减排量，kg；f_z 为二氧化碳减排系数，kg/kWh。

二、能源输配环节

（一）可靠性评价

供能可靠性指标，表示用于评价区域能源互联网能源系统中设备的运行可靠程度与系统持续供应能量的能力，其代表性指标包括系统平均失能时间、系统功能可靠率、系统能源失能率、系统能量不足期望值。其中系统平均失能时间是基于系统断能时间层面设置的，可以非常直观地评估综合能源系统的可靠性，同时也可以作为其他可靠性指标深入考虑的基础；供能可靠率是类比配电网可靠性评价指标——"供电可靠率"设置的；系统能源失能率是从"系统电量不足期望值"的基础上拓展而来，重点考察综合能源系统断能导致的能量损失情况。

1. 系统平均失能时间

系统平均失能时间指每个用户在统计时间内的平均失能小时数。系统平均失能时间包括系统电能平均失能时间、系统热能平均失能时间、系统冷能平均失能时间 3 个三级指标，计算公式为

$$\chi_i = \frac{\sum_{j}^{M_i} t_{i,j} \cdot h_{i,j}}{F} \tag{5-11}$$

式中：χ_i 为系统平均失能时间，h/户；下标 i 为能源形式，分别有电、热、冷；M_i 为能源 i 失能次数，次；$t_{i,j}$ 为能源 i 第 j 次失能的持续时间，h；$h_{i,j}$ 为能源 i 第 j 次失能影响的用户数，户；F 为目标系统的总用户数，户。

2. 系统供能可靠率

系统供能可靠率指在统计时间内系统平均失能时间与能源供给时间的比值。系统供能可靠率包括系统供电可靠率、系统供热可靠率、系统供冷可靠率 3 个三级指标，计算公式为

$$\delta_i = 1 - \frac{\chi_i}{N_i} \times 100\% \tag{5-12}$$

式中：δ_i 为系统供能可靠率；下标 i 为能源形式，分别有电、热、冷；N_i 为能源 i 的供给时间，h。

3. 系统能源失能率

系统能源失能率指系统能源失能能量与系统能源总供给量的比值，包括系统电能失能率、系统热能失能率、系统冷能失能率 3 个三级指标，计算公式为

$$\alpha_i = \frac{\sum_{j}^{M_i} A_{i,j}}{Q_i} \times 100\% \tag{5-13}$$

式中：α_i 为系统能源失能率；下标 i 为能源形式，分别有电、热、冷；$A_{i,j}$ 为能源 i 第 j 次次失能能量，kWh；Q_i 为能源 i 在统计时间内供给的总能量，kWh。

4. 系统能量不足期望值

系统能量不足期望值可从系统失能过程中损失的能量的角度反映区域能源互联网持续供应电力、燃气和热力的水平。

系统电量、气量、热（冷）量不足期望值采用概率学方法，通过系统不同失能状态下的概率分布特征，得到系统所有负荷削减状态集下的能量不足期望，计算式为

$$E_{EENS} = \sum_{x \in G_E} p(x)C_E(x) \tag{5-14}$$

$$E_{EGNS} = \sum_{x \in G_G} p(x)C_G(x) \tag{5-15}$$

$$E_{EH(C)NS} = \sum_{x \in G_{H(C)}} p(x)C_{H(C)}(x) \tag{5-16}$$

式中：E_{EENS}、E_{EGNS}、$E_{EH(C)NS}$ 分别为系统电量、气量和热（冷）量不足期望值；$p(x)$ 为系统处于状态 x 的概率；G_E、G_G、$G_{H(C)}$ 分别为电负荷、气负荷和热负荷削减的状态集合；$C_E(x)$、$C_G(x)$、$C_{H(C)}(x)$ 分别为系统状态 x 时电量、气量和热（冷）量的削减量。

对于热（冷）子系统而言，用户用能的本质是在一段时间内获得或保持一定温度约束范围，仅基于热力系统状态分析系统供热可靠性指标不甚准确，因此需要根据表征热惯性的微分方程，计算故障发生后不同时间断面内用户侧的温度变化特征，即将能量流动过程中的物理量转化为基于用户立场的物理量，并以此作为可靠性评估的依据。

（二）网络损耗

网络损耗指标是用于评价综合能源系统各能源网络在输送能源过程中能量损失程度的指标，能够反映区域能源互联网能量传输环节损失的能量，是影响区域能源互联网能源综合利用效率的因素之一，主要包括配电网络损耗、管网热损失率和天然气输差等。

1. 配电网络损耗

配电网络损耗面向三相对称配电网络，在考虑热能传输损失的同时，将网络损耗分为配电网设备的有功损耗与热能的能量损失，计算公式为

$$\Delta E = \Delta E_L + \Delta E_T + \frac{\Delta Q_L}{3.6} \times 10^{-3} \tag{5-17}$$

式中：ΔE_L、ΔE_T 分别为配电网传输线路有功损耗、变压器等设备的有功损耗；ΔQ_L 为热能传输的能量损失。

2. 天然气输差

天然气输差指天然气中间计量和交接计量的差值，反映输气管道输送过程的损耗。引起天然气管输损耗的原因一般认为有三个方面：①由计量设备计量误差所产生的管输损耗；②泄露带来的管输损耗；③其他人为原因造成的管输损耗。可按下式计算

$$\Delta \eta_g = \frac{G_{input} + V_c - (G_{output} + V_m + G_s + G_f)}{G_{input} - (V_m - V_c)} \times 100\% \tag{5-18}$$

式中：$\Delta \eta_g$ 为相对管输损耗率；G_{input}、G_{output} 分别为流入、流出天然气管道的总气量；V_c、V_m 分别为期初、期末天然气管道总存气量；G_s 为自用气量；G_f 为放空气量。

3. 管网热损失率

管网热损失率用于评估热能输送网络的能量损失，一般要求管网热损失率不大于10%，可按下式计算

$$\Delta\eta_h = \left(1 - \sum \frac{Q_j}{Q_{input}}\right) \times 100\% \qquad (5\text{-}19)$$

式中：$\Delta\eta_h$ 为管网热损失率；Q_j 为第 j 个热力入口处的供热量；Q_{input} 为热源输出热量。

（三）安全性评价

安全性评价反映了在规定运行环境下，区域多能源系统对事故应对能力或抵抗安全事故发生的能力，包括事故情况下区域多能源系统减供负荷比例、事故情况下区域多能源系统供电用户停电比例。

1. 系统事故后果严重程度

某单一偶然事故可能会给系统带来不利影响，而实际的系统安全性要受到所有可能的偶然事故的影响，因此，为了能够刻画这种整体影响，引入系统事故后果严重程度指标，可按下式计算

$$C_{SF} = \sum_{i=1}^{N_B} C_F^i / N_B \qquad (5\text{-}20)$$

式中：C_{SF} 为系统事故后果严重程度，该指标实际上体现了一种平均值的概念，它反映了所有偶然事故可能给系统带来的不利影响的平均大小；N_B 为系统支路数；C_F^i 为支路 i 的单一事故后果严重程度指标。

2. 系统网架结构强弱的指标 K'

$$K' = \frac{\displaystyle\sum_{i=1}^{N_B}(K_i + 1)/C_F^i}{\displaystyle\sum_{j=1}^{N_B} C_F^{j-1}} \qquad (5\text{-}21)$$

式中：K_i 为支路 i 发生偶然事故所对应的 K 值。

3. 系统整体安全性指标 S_S

$$S_S = \frac{K'}{C_{SF}} \qquad (5\text{-}22)$$

系统整体安全性表示系统在各偶然事故影响下保持整体安全性的能力，其大小与系统网架结构强弱指标 K' 密切相关。某一时期内，在 K' 不变的情况下，各偶然事故对系统造成的后果严重程度 C_{SF} 越小，则 S_S 越大，表明系统的整体安全性越高；在 C_{SF} 不变的情况下，K' 越大，S_S 也越大，也能表明系统安全性越高。需要注意的是，K' 与 C_{SF} 并不是互相孤立的，在实际运行中，它们具有一定的内在联系：当一个系统的网架结构越强（即 K' 越大），则事故后切负荷的比率会越小，导致其 C_{SF} 指标也比较小，最终体现的 S_S 指标值越大，显然，这样的系统安全性也较高，这就是 S_S 指标的意义所在。

三、用户环节

（一）用户端能源质量

供能质量指标用于评价区域能源互联网能源系统中电、气、热能源的质量水平，直接影响系统安全和用户侧对能源供应的满意程度，主要包括电能质量、天然气质量和热能质量三方面。

用户端能源质量主要包括了电能、热能及燃气等能源质量，电能质量主要通过电压波动、闪变和谐波质量等内容来衡量，而热能质量则主要是由热能的品位因子进行表述，燃气质量则可以通过燃气的燃烧值及烃类化合物成分来界定。

1. 电能质量

电能优质性主要关注电能质量问题，应能为电力用户提供优质的电力供应，如稳定的电压输出、较少的谐波污染等，一般以电压合格率、总谐波畸变率、三相不平衡等指标进行描述。电压合格率指一个月内，监测点电压在合格范围内的时间总和与月电压监测总时间的百分比。总谐波畸变率指全部谐波含量均方根值与基波均方根值之比，用百分数表示。三相不平衡指在电力系统中三相电流（或电压）幅值不一致，且幅值差超过规定的范围。

目前我国关于电能质量评估有完善的标准体系，包括 GB/T 12325—2008《电能质量　供电电压偏差》、GB/T 30317—2013《电能质量　电压暂降与短时中断》、GB/T 15543—2008《电能质量　三相电压不平衡》、GB/T 15945—2008《电能质量　电力系统频率偏差》、GB/T 12326—2008《电能质量　电压波动和闪变》、GB/T 14549—1993《电能质量　公用电网谐波》、GB/T 24337—2009《公用电网　间谐波》、GB/T 18481—2001《电能质量　暂时过电压和瞬态过电压》。

2. 天然气质量

与电类似，我国关于天然气质量的评估也有相应的标准，见表 5-1。

表 5-1　　　　　　　　　　　　天 然 气 质 量 的 评 估

项目	高位发热量 （MJ·m³）	总硫（以硫计） （mg/m³）	硫化氢 （mg/m³）	二氧化碳 （%）	水露点 （℃）
一类	≥36.0	≤60	≤6	≤2	在交接点压力下，水露点应比输送条件下最低环境温度低 5℃
二类	≥31.4	≤200	≤20	≤3	
三类	≥31.4	≤350	≤350	—	

3. 热能质量

热能优质性主要关注能量品位问题，通过品味因子的大小来表述。品味因子主要指热能品味因子与化学能品位。热能品位因子表示能量过程中㶲变化除以能量过程中的焓变化。化学能品位主要是燃料通过燃烧将化学能转换释放为热能，其燃料能的品位可以通过化学反应吉布斯自由能的品位、燃烧放热的品位来表示。

（二）人体舒适度

用户舒适度也是一项重要的评估指标，是用户参与能源互动的直接感受。在固定周期内通过发放用户调查问卷，或者通过用户手机端 App 的方式进行意见采集，可以得到

用户在此段时间内消费能源的满意程度及合理建议，并将数据反馈给后台中心，对于完善用户端用能建设具有重要的意义。随着我国区域能源系统的不断发展，用户侧在未来会变得更加智能化、便捷化。

本章节采用被广泛使用的人体热舒适度指标 PMV，也即是 ISO 7730 中推荐的指标，该指标综合考虑了空气温度、相对湿度、室内风速、室内平均辐射温度、人体新陈代谢率和服装热阻对人体热舒适度的影响，其研究结果与实际应用十分吻合，因此得到广泛推广和应用，见表 5-2。由 PMV 指标可知在室内环境中影响人体舒适度的主要有四个因素：室内空气温度、相对湿度、室内风速、室内平均辐射温度；与人体舒适度 PMV 指标有关的另外两个非环境因素是人体新陈代谢率和服装热阻。

$$
\begin{aligned}
PMV = &(0.303e^{(-0.036M)} + 0.028)\{(M-W) - 3.05 \times 10^{-3} \times [5733 - 6.99(M-W) - P_a] \\
&- 0.42 \times [(M-W) - 58.15] - 1.73 \times 10^{-5} M(5876 - P_a) - 0.0014M(34 - t_a) \\
&- 3.96 \times 10^{-8} f_{cl}[(t_{cl}+273)^4 - (t_r+273)^4] - f_{cl}h_c(t_{cl} - t_a)\}
\end{aligned} \tag{5-23}
$$

表 5-2 PPD 与人体感觉的对应表

PMV	−3	−2	−1	0	1	2	3
人体感觉 I	冷	较凉	稍凉	中	稍暖	较暖	热
PPD（%）	100	74.93	25.07	4.98	25.07	74.93	100

注 PPD 指预计不满意百分比。

（三）主动削峰填谷负荷量

需求侧管理主要是指机构通过制定确定性的或随时间合理变化的激励政策，来激励调整用户在负荷高峰或系统可靠性变化时，及时响应削减负荷或调整用电行为，其中主动参与峰值负荷削减的用户比例反映了需求侧响应的建设水平和用户的参与积极性。

削峰填谷量指目标系统中设备的削峰填谷量之和，可按下式计算

$$
\lambda = \sum V_m \tag{5-24}
$$

式中：λ 为削峰填谷量，kWh；V_m 为设备 m 的削峰填谷量，kWh。

（四）智能电能表普及度

智能表计是需求侧管理的智能终端，除了具备传统电能表的电能计量功能之外，同时还具有用户信息数据存储、多费率双向计量、保护控制、防窃电能和数据，以及用户终端控制等智能化功能，能够促使用户更加积极地与电网互动，优化用能途径和体验，更好地适应区域综合能源系统（RIES）的发展。因此，智能表计的普及程度可以反映用户环节需求响应的完善度，代表着 RIES 智能化、综合化的发展进程。

用能信息采集系统覆盖率指用能采集系统覆盖的用户数与目标系统内总用能用户数的比值，包括用电信息采集系统覆盖率、用热信息采集系统覆盖率、用冷信息采集系统覆盖率等 3 个二级指标，可按下式计算

$$
v_i = \frac{c_i}{C_i} \times 100\% \tag{5-25}
$$

式中：v_i 为第 i 种能源用能信息采集系统覆盖率；下标 i 能源形式，分别有电、热、冷三种形式；c_i 为第 i 种能源用能信息采集系统覆盖的用户数，户；C_i 为目标系统内能源 i 信息采集系统覆盖的用户数，户。

四、电力市场交易环节

（一）市场集中度指标

市场力指的是发电商改变市场价格，使之偏离市场充分竞争情况下所具有的价格水平的能力。市场力的存在将会严重影响市场效率，进而导致市场失效行为产生。在完全竞争的市场中，市场价格是企业和消费者无法控制的，然而在竞争不完全的市场中，各发电企业产品的供应量会对市场价格产生影响，因此，发电企业为获取最大利益，会运用其本身的市场力影响市场价格。

电力市场评价指标体系利用市场集中度指标衡量市场中存在的市场力。市场集中度指标主要包括 Top-m 指标、HHI 指标、剩余供给能力指标、勒纳指数、生产者剩余占比。

1. *Top-m* 指标

Top-m 指标是指市场中最大的 m 个供应商所占的市场份额。欧盟委员会给出的评价指标是：最大发电公司的发电容量所占的市场份额及三个最大发电公司的发电容量所占的市场份额。发电公司所占的市场份额多大时市场势力较大，不同国家和地区有不同的标准。欧盟委员会给出了一条警戒线：单一公司所占市场份额超过 40%；三个最大公司的市场份额超过 70%。当市场中单一公司所占份额小于 20%，三个最大公司所占份额小于 40% 时是最佳状态。

这一指标的优点是计算简单，但其缺点也是显而易见的，该指标只考虑了最大的一家或最大的三家公司所占的市场份额，如果第四家公司所占的市场份额不容忽视，那么这个指标就存在一定的不合理性。

2. *HHI* 指标

赫芬达尔—赫希曼指标（Herfindahl-Hirschman Index，*HHI*）用市场的各供应者所占的市场份额的平方和来度量，可按下式计算

$$HHI = \sum_{i=1}^{N} (100 \times s_i)^2 \qquad (5-26)$$

式中：s_i 为市场中第 i 个供应者所占的市场份额；N 为市场中的供应者数量。

市场处于垄断状态时，市场中只有一个供应商，其所占份额为 100%，此时，$HHI=$ 10000；市场处于完全竞争状态时，市场中的供应商足够多，并且每个供应商所占的市场份额均衡，此时，HHI 趋于 0。一般认为，$0 < HHI < 100$ 时，市场处于完全竞争状态；$100 < HHI < 1500$ 时，市场处于充分竞争状态；$1500 < HHI < 2500$ 时，市场处于中度集中状态；$2500 < HHI < 10000$ 时，市场处于高度集中状态。

HHI 指标在对市场力进行衡量时，市场份额占比较高的供应商所占的权重也比较大，这是 *HHI* 指标最大的优势。相对于 *Top-m* 指标而言，*HHI* 指标考虑了市场中所有供应商所占的市场份额，但是其需要的数据、计算过程较 *Top-m* 指标更为复杂。

3. 剩余供给能力指标

剩余供给能力指标（residual supply index，RSI）是指在某一段时间内，除了某一供应者的供给容量外，其余供应者的总供给容量市场份额之和。该指标表征的是发电商的供给能力。在特定的时间内，RSI 指标能够对每一位市场供应商的供给能力进行衡量，可按下式计算

$$RSI_i = \frac{\sum\limits_{k=1}^{N} P_k - P_i}{D} = \frac{\sum\limits_{k=1, \ k \neq i}^{N} P_k}{D} \tag{5-27}$$

式中：RSI_i 为供应商 i 的剩余供给能力；P_k 为供应商 k 的可供给容量；D 为市场中的总容量需求。

从市场总体角度看，RSI 指标应取所有供应商中剩余供给能力最小的值，即发电能力最大的供应商的剩余供给能力指标。

（二）市场行为类指标

1. 偏差考核电量比例 C_p

$$C_p = \frac{Q}{Q_j} \tag{5-28}$$

式中：Q_p 为偏差考核电量；Q_j 为市场化结算电量，发电主体的市场行为决定了合同电量的偏差。

2. 购电合同履约率

购电合同履约包含了合同电量交付及其他约定事项，且包括了买方和卖方。

3. 高价申报率 C_{hp}

$$C_{hp} = \frac{K}{N} \tag{5-29}$$

式中：K 为机组报价无法通过设定价格阈值的次数；N 为该段时间内机组的总申报次数，高价申报率越大，说明机组动用市场力的概率就越大。

（三）市场供需关系类指标

1. 市场化机组总容量占全网最大负荷之比 C

$$C = \frac{市场化机组总容量}{全网最大负荷} \tag{5-30}$$

市场化机组总容量是指参与市场的机组所提供的总发电容量，其与全网最大负荷的比值反映了市场的供应能力。

2. 发电设备利用小时数 T

$$T = \frac{单机实际发电量}{单机铭牌容量} \tag{5-31}$$

发电设备利用小时数反映了该地区发电设备利用率，也是反映市场供需形势的主要指标。

3. 电力市场供需指数 I_{SD}

$$D_G = \frac{f \times h \times G - D}{h} \qquad (5\text{-}32)$$

$$I_{SD} = 1 + \frac{D_G}{G} \qquad (5\text{-}33)$$

式中：G 为市场化机组总容量；D 为电力需求；D_G 为电力供应能力的盈亏量；h 为机组平均发电利用小时数；f 为电力输送能力系数；一般有 $I_{SD} > 1$。

第二节　综合能源服务经济评价指标

一、全生命周期成本

全生命周期成本（life cycle cost，LCC），也称为全周期寿命费用，是发生在项目生命周期的各个阶段，包括建设前期、建设期、运营期、翻新或报废等阶段，与项目有关的所有成本总和。经过几十年的发展，全生命周期成本分析与概率统计、数学模型等结合，已成为一种计算项目在使用寿命期间全部费用的有效经济评估技术。

综合能源项目的全生命周期成本包括项目成本 LCC_i（项目初投资）、运营费用 LCC_o、更新维护费用 LCC_m、报废成本 LCC_d，可按下式计算

$$LCC = LCC_i + LCC_o + LCC_m + LCC_d \qquad (5\text{-}34)$$

（一）项目初投资

初投资即初始投资成本，指取得投资时实际付出的全部价款，是全生命周期成本中最主要的部分。综合能源项目计算初投资时需要考虑以下五类费用：

（1）土建费用。采用当地现行的土建、水利工程指标进行计算。

（2）设备费及安装费。以建设方案确定的设备及数量进行计算。

（3）管网费用。供热（冷）管网作为设备与末端用户的连接设施也是区域能源系统的一部分，这部分费用应包含管道费用和管道的占地费用等。

（4）工程建设其他费用。包括可行性研究报告编制费、环境影响评价费、监理费、招投标费、设计费、管理费、办公费和劳动保护费等。

（5）预备费。又称"不可预见费"，是为了预防项目进行过程中潜在的风险准备的资金，分为基本预备费和涨价预备费。根据风险的高低，可按项目建设其他费用总和的5%～10%考虑。

（二）运营费用

运营费用包括能耗费用和运营管理费用，其中，能耗费用包括系统运行所需燃料费用和电费等，运营管理费用指系统运行所需的费用和人工费用。

（三）更新维护费用

更新维护费用指系统设备日常维护清洗和维修等费用。

（四）报废成本

报废成本指的是系统寿命周期结束后，对其清理、销毁所花费的费用（包括人工费、

工具使用费、环保费等），以及部分可回收费用。

二、财务评价指标

财务评价是综合能源服务经济评价的主要内容之一，是综合能源投资决策的重要依据。在项目的财务评价中，不同的评价指标从不同角度、方面刻画和表征出项目复杂的经济效果。综合能源财务评价指标应能包含盈利能力分析、偿债能力分析和生存能力分析三个方面。

（一）盈利能力评价指标

项目盈利能力主要通过财务内部收益率、财务净现值、投资回收期等评价指标来反映的。根据项目的特点及实际需要，也可计算投资利润率、投资利税率、资本金利润率等指标。

1. 投资回收期

投资回收期反映了投资的回收速度，同时也能部分描述项目的风险，投资回收期越短，投资的回收速度越快，项目的风险也越小。按不考虑与考虑资金时间价值分，可分为静态投资回收期和动态投资回收期。

静态投资回收期计算公式为

$$\sum_{t=1}^{P_t}(CI-CO)_t = 0 \tag{5-35}$$

式中：P_t 为静态投资回收期；CI 为项目现金流入量；CO 为项目现金流出量；$(CI-CO)_t$ 为项目第 t 年的净现金流量。

静态投资回收期由于未考虑资金的时间价值，不能真正反映资金的回收时间，而综合能源项目由于投资规模大，回收期较长，因此一般采用动态投资回收期。

动态投资回收期计算公式为

$$\sum_{t=1}^{P_t'}(CI-CO)_t(1+i)^{-t} = 0 \tag{5-36}$$

式中：P_t' 为动态投资回收期；i 为基准收益率或设定的折现率。

由于投资回收期考察的是项目投资回收速度，只是将回收期内的净收益与投资进行比较，因此不能全面地反映项目的经济效益。此外，投资的主要目的不是为了回收资金，而是为了充分发挥投资的效益，投资的风险不仅表现在能否回收资金上，更表现在能否实现预期的经济效益上，因此通常必须将投资回收期和其他指标（如财务内部收益率和财务净现值等）结合使用。

2. 财务净现值

财务净现值是投资项目在其经济寿命期内，按规定的折现率或基准收益率将发生的现金流入和现金流出折算到基准年的现值之和，可按下式计算

$$PNPV = \sum_{i=1}^{n}(CI-CO)_i(1+i)^{-t} \tag{5-37}$$

式中：$PNPV$ 为项目净现值；n 为建设和生产服务年限的总和。

若 $PNPV \geqslant 0$，说明项目能获得一定的经济效益，项目可行；若 $PNPV < 0$，表示项目

达不到预期的经济目的，项目不可行。多方案选优时，若各方案的寿命相同，则净现值最大的方案纯经济效益最优；若各方案的寿命不等，则必须采用一些假设，使各方案具有相同的研究周期，以保证方案的可比性。

财务净现值的经济意义明确直观，既考虑了资金的时间价值又全面考虑了项目整个寿命周期的经济状况。但是折现率或基准收益率的确定比较困难，若基准收益率定得太高，将否定一些经济效益比较好的项目；若太低，则可能接受一些效益差的项目。因此需要结合财务内部收益率指标对项目进行准确判断。

3. 内部收益率

内部收益率 IRR 是除财务净现值外另一个重要的经济性指标，同样考虑了资金的时间价值，是指当项目净现值等于零时的折现率。其经济内涵是指项目的全部投资只有在生命周期末期才能被完全回收，在寿命期内项目一直处于偿还投资的状态，偿还的能力由项目内部盈利能力决定，内部收益率即是寿命期内尚未收回的资金的盈利率。内部收益率是指投资项目整个计算期内各年净现金流量现值之和等于零时的收益率，在投资项目财务评价中称为财务内部收益率，可按下式计算：

$$PNPV = \sum_{t=1}^{n} (CI - CO)_t (1 + IRR)^{-t} = 0 \qquad (5\text{-}38)$$

利用财务内部收益率指标评价投资项目可行性的判别标准是，若财务内部收益率大于投资项目的基准收益率，项目可行；反之，项目不可行。

财务内部收益率与财务净现值一样，既考虑了资金时间价值，又考虑了项目在整个寿命周期内的经济情况，且一定程度反映了项目投资的效率。

（二）偿债能力评价指标

偿债能力分析的主要指标包括利息备付率、偿债备付率、资产负债率、流动比率和速动比率。

（1）利息备付率 ICR 指在借款偿还期内的息税前利润 $EBIT$ 与应付利息 PI 的比值，是利息偿付的保障程度指标，可按下式计算

$$ICR = \frac{EBIT}{PI} \qquad (5\text{-}39)$$

式中：$EBIT$ 为息税前利润；PI 为计入总成本费用的应付利息。

利息备付率应分年计算，利息备付率高，表明利息偿付的保障程度高。

（2）偿债备付率 $DSCR$ 指在借款偿还期内，用于还本付息的资金（$EBITAD - T_{AX}$）与应还本付息金额 PD 的比值，表示可用于还本付息的资金偿还借款本息的保障程度，可按下式计算

$$DSCR = \frac{EBITAD - T_{AX}}{PD} \qquad (5\text{-}40)$$

式中：$EBITAD$ 为息税前利润加折旧和摊销；T_{AX} 为企业所得税；PD 为应还本付息金额，包括还本金额和计入总成本费用的全部利息，融资和租赁用可视司借款偿还。运营期内的短期借款本息也应纳入计算。

偿付备付率应分年计算，偿债备付率高，表明可用于还本付息的资金保障程度高。

（3）资产负债率 $LOAR$ 指各期末负债总额 TL 与资产总额 TA 的比率，是反映项目各年所面临的财务风险程度及综合偿债能力的指标，可按下式计算

$$LOAR = \frac{TL}{TA} \times 100\% \qquad (5-41)$$

式中：TL 为期末负债总额；TA 为期末资产总额。

在项目财务分析中，长期债务还清后，可不再计算资产负债率。

（4）流动比率指流动资产与流动负债之比，反映项目法人偿还流动负债的能力，流动比率越高，短期偿债能力与变现能力越强，但过高的流动比率表明流动资金占用过多，将影响项目的投资效益。对流动比率的警戒值没有统一的标准，应根据项目的特点设定不同的安全值。

（5）速动比率是速动资产与流动负债之比，反映项目法人在短时间内偿还流动负债的能力。

第三节　综合能源服务社会效益评价指标

建设项目社会效益评价是用来分析建设项目对于实现人类发展目标，包括促进人类文明进步、社会经济发展和环境保护所做的贡献与影响的活动，从社会角度将项目的效益量化，并最终衡量项目优劣的指标。

一、促进社会就业评价指标

促进社会就业指一个项目为社会提供的就业机会，可以用单位投资所创造的就业人数来表示。综合能源服务的建设运营，可带来直接就业和诱发间接就业，涉及设计、制造、建设、运行、维护等各行各业。直接就业效果指标反映了项目带来的直接就业效益，间接就业带动率指标反映了项目带动相关产业的就业程度，可按下式计算

$$直接就业效果 = \frac{项目新增就业人数}{直接投资额（万元）} \qquad (5-42)$$

$$间接就业带动率 = \frac{带动相关产业就业人数}{项目新增就业人数} \times 100\% \qquad (5-43)$$

二、环境保护评价指标

1. 排污总量

排污总量指综合能源项目生命周期内各年排放污染物之和，包括可排放的各种污水、有害气体、固定废物、噪声等。通过与当地环保部门的污染排放标准或污染许可证比较，来衡量年平均污染物排放量是否超过国家规定。

2. 污染物治理度

污染物治理度指治理项目排放污染物的程度，可按下式计算

$$污染治理度 = \frac{污染治理投资费用总额}{项目排污总量 \times 每单位污染物费用} \times 100\% \qquad (5-44)$$

三、拉动经济指标评价指标

拉动经济评价包括财税收入贡献率与投产前后人均国内生产总值增产率两部分，其中，财税收入贡献率指上缴利税占当地财政收入的比重。

第四节 综合能源服务评价方法

建立综合能源服务技术、经济评价指标后，应选取合适的方法对综合能源服务系统进行评价。综合能源服务评价是将不同属性及量级指标进行综合评介，评价时需考量不同因素的影响，同时也考虑了定性因素与定量因素的影响。按照综合评价方法的发展历程，大体分为单一指标评价法、多指标综合评价法、复合评价法。单一指标评价法因不能满足反映系统各指标全面性在实际中较少应用。多指标综合评价方法又包含有许多方法，而这些方法各有其自身的优缺点，在实际应用中存在某些不客观不准确的地方。而复合评价法则是吸取多指标综合评价法的优点，尽可能克服其缺点，能让评价结果更加全面、具体、客观、准确。接下来对"AHP+熵权法""G1+反熵权法"、灰色关联+TOPSIS法基本原理及步骤进行介绍。

一、AHP+熵权法

层次分析法（AHP）是一种常用的综合评价方法，其特点在于利用一定的定量信息使评价的思维过程数字化，其关键在于不隔断各个因素对结果的影响。在 AHP 法指标权重确定过程中，虽然只有部分主观因素来自评价者对评价对象的掌握和分析，但其主观性仍过强。熵权法则是通过对实际数据的处理计算来确定权重大小，不融入主观导向因素，因此客观性很强。将层次分析法和熵权法的权重确定思想综合起来，尽可能降低层次分析法中的主观因素，既能融入对评价对象的认知与分析，又能反映实际数据的客观情况。

（一）基本原理

层次分析法的基本原理是将要评价的问题分层次系列化，按照因素之间的相互影响和隶属关系将其分层聚类组合，形成一个递阶的有序的层次结构模型。然后由评价者和专家对指标层进行两两重要性比较并逐层进行，利用判断矩阵得出各下层指标对上层指标的贡献程度，进而得到各层指标对总目标权重的结果。层次分析法主要分为五个步骤：①明确问题构造，建立层次分析结构模型；②通过专家打分或评价者对指标进行两两重要性比较并构造判断矩阵；③判断矩阵一致性检验；④层次单排序；⑤层次总排序。

熵权法源于信息熵的概念，在信息论中熵被用来度量随机变量的不确定性，解决了对信息量化度量的问题，并在工程技术、经济社会应用领域得到了广泛应用。熵原本属于热力学概念，物理意义是表示体系混乱程度的度量，熵越大越乱，已知信息越少。当系统可能处于 n 中不同状态，每种状态出现的概率为 p_i（$i=1 \sim n$），该系统的熵 E 为

$$E = -\sum_{i=1}^{n} p_i \ln p_i \qquad (5\text{-}45)$$

式中： p_i 满足 $0 \leqslant p_i \leqslant 1$，且 $\sum_{i=1}^{n} p_i = 1$。

（二）基本步骤

（1）构造层次分析模型。应用层次分析法评价问题，首先要明确综合评价的问题，使之条理层次化，建立递进式结构模型。依据独立性、实用性、可操作性等原则将评价有关元素分解成基础层、性能层、目标层。基础层表示评价问题的具体方案，性能层表示实现预定目标所涉及的中间环节指标，目标层则是表示层次分析法所要达到的目标。

在运用层次分析法分析问题时构建层次结构模型是最为重要的，在已形成条理化层次性的基础上按照一定逻辑分解为元素，然后按照元素的隶属关系形成不同层次。同一层次的元素隶属于上一层次的某一个元素，同时也支配下一层次的某些元素。

（2）构造判断矩阵。在已构造层次分析结构模型中的每一层（目标层除外）把已有的元素进行两两比较，目的在于对同一层次中每个元素进行重要程度的判断。

假设以上一层次的元素 C_k 作为准则，对下一层元素 D_1，D_2，$\cdots$，D_n 有支配关系，需要在该准则下按照他们的相对重要程度赋予下层元素相应的权重。赋值的依据可以是来源于具体数据，也可以通过某种技术咨询获得，或是由评价者或专家根据自身理解给出。往往采用 1~9 标度方法将判断矩阵中各层次元素量化，重要程度判断见表 5-3。

表 5-3   重要程度判断

序号	重要程度	说　　明	X/Y	Y/X
1	X 和 Y "同等重要"	X、Y 对总目标有相同重要	1	1
2	X 和 Y "稍微重要"	X 的重要稍大于 Y，但不明显	3	1/3
3	X 和 Y "明显重要"	X 的重要明显大于 Y，但不十分明显	5	1/5
4	X 和 Y "强烈重要"	X 的重要十分明显大于 Y，但不特别突出	7	1/7
5	X 和 Y "绝对重要"	X 的重要以压倒优势大于 Y	9	1/9
6	X 和 Y 介于各等级之间	相邻两判断的折中	2，4，6，8	1/2，1/4，1/6，1/8，

通过上述的判定原理和准则，可得到 n 个元素的判断矩阵 $\boldsymbol{D} = (\boldsymbol{D}_{ij})_{n \times n}$，式中数值表示元素与元素的相对重要值，构造的判断矩阵表示为

$$\boldsymbol{D} = \begin{bmatrix} d_{11} & d_{12} & \dots & d_{1n} \\ d_{21} & d_{22} & \dots & d_{2n} \\ \dots & \dots & \dots & \dots \\ d_{n1} & d_{n2} & \dots & d_{nn} \end{bmatrix} (d_{ii} = 1) \tag{5-46}$$

（3）判断矩阵的一致性检验。因评价者或专家相关知识的缺漏、不全面导致判断矩阵并不一定满足一致性要求，因此需要对判断矩阵进行一致性检验，一致性程度利用判断矩阵的特征根来进行检验。求出判断矩阵最大特征根 $\lambda_{\max}$，并求出判断矩阵一致性指标 CI。

$$CI = \frac{\lambda_{\max} - n}{n - 1} \tag{5-47}$$

用随机一致性比率来判别判断矩阵是否具有满意的一致性。随机一致性比率 CR 是

判断矩阵一致性指标 CI 与同阶平均随机一致性指标 RI 的比值，RI 的取值见表 5-4。

$$CR = \frac{CI}{RI} < 0.10 \tag{5-48}$$

CI 值越小，表示构造的判断矩阵一致性程度较好；CI 值越大，则判断矩阵的一致性程度越差。当计算后的 CR 满足时，即可确定所构造判断矩阵有满意的一次性，如果不满足则需调整之前构造的判断矩阵，直至满足式（5-48）的要求为止。

表 5-4 平均随机一致性指标 RI

矩阵阶数	1	2	3	4	5	6	7	8	9
RI	0.00	0.00	0.58	0.90	1.12	1.24	1.32	1.41	1.45

（4）对通过一致性检验的判断矩阵 $\boldsymbol{D}$ 进行标准化处理，得到标准化判断矩阵 $\boldsymbol{R}$ 为

$$\boldsymbol{R} = \begin{bmatrix} r_{11} & r_{12} & \dots & r_{1n} \\ r_{21} & r_{22} & \dots & r_{2n} \\ \dots & \dots & \dots & \dots \\ r_{n1} & r_{n2} & \dots & r_{nn} \end{bmatrix} \tag{5-49}$$

其中

$$r_{ij} = \frac{d_{ij}}{\sum_{i=1}^{n} d_{ij}}$$

（5）求指标 j 的熵 E_j 为

$$E_j = \frac{\sum_{i=1}^{n} r_{ij} \ln r_{ij}}{\ln n} \tag{5-50}$$

（6）利用各指标的熵 E_j，求指标 j 的偏差度 C_j 为

$$C_j = 1 - E_j \tag{5-51}$$

（7）利用各指标的偏差度 C_j 确定修正系数 μ_j 为

$$\mu_j = \frac{C_j}{\sum_{j=1}^{n} C_j} \tag{5-52}$$

（8）利用各指标修正系数 μ_j 修正层次分析法求出的初始权重系数 W_j，求出熵权法修正后的权重系数 η_j 为

$$\eta_j = \frac{\mu_j W_j}{\sum_{j=1}^{n} \mu_j W_j} \tag{5-53}$$

（9）将层次分析法求得的初始权重系数 W_j 和熵权法修正后的权重系数 η_j 按式（5-54）进行组合计算，得到层次分析法+熵权法综合求出的权重系数 w_j。式（5-54）中 ρ 通常取 0.5。

$$w_j = \rho W_j + \eta_j(1-\rho) \tag{5-54}$$

二、G1+反熵权法

序分析方法（G1 法）也是一种主观赋权法，可克服层次分析法中一致性检验问题。熵权法因灵敏度高，易使指标失效，而反熵权法则通过对熵权法改进，有效改善指标的不确定程度，减小权重的波动性。G1+反熵权法主客观结合，两者相辅相成，也是种常用的综合评价方法。

（一）基本理论

在多个备选方案中挑选出决策函数计算得到评分最高的方案，决策函数 D 记为

$$D = f(S,E,A,W) \ (S \subseteq \mathbb{R}, E \subseteq \mathbb{R}, A \subseteq R) \tag{5-55}$$

$$R = S \bigcap E \bigcap A \tag{5-56}$$

D 为决策函数，取评分制最高时方案，R 为信息集，S 为备选方案集，E 为多方案各项指标集，A 为专家评价评语集，W 为各项指标综合权重集。

方案集 S、指标集 E、评语集 A 三者组成信息集 R，代表评价模型最原始的基本信息，权重集 W 通过模型计算得到。

m 个参与评价的系统方案，记为 $S = \{s_1, s_2, \cdots, s_m\}$；多级分层次评价指标体系中共有 n 个评价指标，记为 $X = \{x_1, x_2, \cdots, x_n\}$；方案 s_i 对应的 j 个指标值可用 a_{ij} 表示（$i = 1, 2, \cdots, m$，$j = 1, 2, \cdots, n$），可得到 m 个系统方案的 $m \times n$ 个评价指标构成的指标矩阵，即

$$E = \begin{bmatrix} a_{11} & a_{12} & \cdots & a_{1n} \\ a_{21} & a_{22} & \cdots & a_{2n} \\ \vdots & \vdots & \ddots & \vdots \\ a_{m1} & a_{m2} & \cdots & a_{mn} \end{bmatrix} \tag{4-57}$$

利用 G1 法确定主观权重时，需相关研究领域 l 名专家根据相对重要性程度对评价指标进行排序，具体要求如下：

（1）先在准则层中给定指标集中选取最重要的一个指标，记为 x_1^*。

（2）在余下的 $r-1$ 个指标中，再选出最重要的一个指标，记为 x_2^*。

（3）重复以上步骤 $r-1$ 次，将该层级最后一个指标记为 x_r^*。

（4）将准则层序关系记为 $x_1^* > x_2^* > \cdots > x_r^*$。

（5）重复以上步骤，逐层至 s 层各级序关系。

第 j 级的序关系矩阵记为 $E_k^* = [a_{ij}^*]_{l \times r} (0 \leqslant i \leqslant l, 0 \leqslant j \leqslant r, 0 \leqslant k \leqslant s)$，即

$$E_k^* = \begin{bmatrix} a_{11}^* & a_{12}^* & \cdots & a_{1r}^* \\ a_{21}^* & a_{22}^* & \cdots & a_{2r}^* \\ \vdots & \vdots & \vdots & \vdots \\ a_{l1}^* & a_{l2}^* & \cdots & a_{lr}^* \end{bmatrix} \tag{5-58}$$

第 i 名专家评价中，第 j 级相邻指标的相对重要程度可表示为 $R_{jk} (0 \leqslant k \leqslant r, 0 \leqslant j \leqslant s)$，$wi_{jk}^s$ 表示第 j 级第 k 个指标的主观权重系数。当 r 较大时，R_{jk} 可以取 1.0，其赋值可参考表 5-5。

$$R_{jk} = \frac{wi_{k-1}^s}{wi_k^s}(k=r,r-1,\cdots,2) \tag{5-59}$$

表 5-5　　　　　　　　　　　　　R_{jk} 赋值参考表

标号	R_{jk} 值	说　明
A	1.0	指标 x_{k-1}^* 与指标 x_k^* 同等重要
B	1.1	指标 x_{k-1}^* 比指标 x_k^* 介于同等重要与稍微重要之间
C	1.2	指标 x_{k-1}^* 比指标 x_k^* 稍微重要
D	1.3	指标 x_{k-1}^* 比指标 x_k^* 介于稍微与明显重要之间
E	1.4	指标 x_{k-1}^* 比指标 x_k^* 明显重要
F	1.5	指标 x_{k-1}^* 比指标 x_k^* 介于明显与强烈重要之间
G	1.6	指标 x_{k-1}^* 比指标 x_k^* 强烈重要
H	1.7	指标 x_{k-1}^* 比指标 x_k^* 介于强烈与极端重要之间
I	1.8	指标 x_{k-1}^* 比指标 x_k^* 极端重要

（二）指标的规范化处理

不同指标量级有可能不同的情况，应对各项指标进行标准化处理，一般要进行无量纲化和归一化处理。可采用 min–max 标准化处理方法，最优值记为 1，最劣值记为 0，将 m 个方案中的同一项指标离散分布到 0～1 区间范围，充分体现各方案的差异性。

对于指标值越大越优的指标有

$$b_{ij} = \frac{x_{ij} - \min(x_i)}{\max(x_i) - \min(x_i)} \tag{5-60}$$

对于指标值小越优的指标有

$$b_{ij} = \frac{\max(x_i) - x_{ij}}{\max(x_i) - \min(x_i)} \tag{5-61}$$

标准化后，评价指标 $0 \leqslant b_{ij} \leqslant 1$，即把指标矩阵 $\boldsymbol{E}$ 规范化为矩阵 $\boldsymbol{B} = [b_{ij}]_{m \times n}$。

$$\boldsymbol{B} = \begin{bmatrix} b_{11} & b_{12} & \cdots & b_{1n} \\ b_{21} & b_{22} & \cdots & b_{2n} \\ \vdots & \vdots & \vdots & \vdots \\ b_{m1} & b_{m2} & \cdots & b_{mn} \end{bmatrix} \tag{5-62}$$

（三）指标的规范化处理

序关系分析法在确定主观权重 $w_t^s (t=1, 2, \cdots, n)$ 的方法如下：

（1）选取专家并确定序关系。

（2）确定相邻指标间的相对重要程度。

（3）分层计算主观权重。

第 i 名专家评价中，准则层中相对重要度最低的指标的主观权重为

$$wi_{1r}^s = \left(1 + \sum_{k=2}^{r} \prod_{i=k}^{r} R'_{ji}\right)^{-1} \tag{5-63}$$

可分别求得每位专家评价准侧层其他指标主观权重，重复以上步骤，可得到每位专家评价下各项指标主观权重为

$$wi_t^s = \prod_{j}^{s} wi_{ji}^s \tag{5-64}$$

最后用加权算术平均数法求得各项指标的主观权重 w_t^s 为

$$w_t^s = \frac{1}{l} \sum_{i=0}^{l} wi_t^s \tag{5-65}$$

对于指标集 $X = \{x_1, x_2, \cdots, x_n\}$，其主观权重系数集为 $Y = \{w_1^s, w_2^s, \cdots, w_n^s\}$。

反熵权法是通过改进熵权法得到的一种客观权重确定方法。当系统可能处于 n 种不同状态时，每种状态出现的概率为（1，2，$\cdots$，n），对于 m 个备选方案，n 个指标的多指标综合评价模型，系统的熵 h_t' 为

$$h_t' = -\sum_{i-1}^{m} p_{ij} \ln p_{ij} \tag{5-66}$$

其中

$$p_{ij} = \frac{b_{ij}}{\sum_{i-1}^{m} b_{ij}}$$

式中：b_{ij} 为标准化指标集 $\boldsymbol{B} = [b_{ij}]_{m \times n}$ 中元素。

在反熵法中，指标的差异性越大，得到的熵值偏小，但权重系数越大，反熵的定义为

$$h_t = -\sum_{i=1}^{m} p_{ij} \ln(1 - p_{ij}) \tag{5-67}$$

各指标的客观权重 w_t^o 为

$$w_t^o = \frac{1 - h_t}{n - \sum_{i=1}^{n} h_t}(1 \leqslant t \leqslant n) \tag{5-68}$$

所以对于指标集 $X = \{x_1, x_2, \cdots, x_n\}$，其主观权重系数集为 $U = \{w_1^o, w_2^o, \cdots, w_n^o\}$。综合权重的计算既要综合主客观权重，又要体现客观权重差异的特点，因此综合权重 $w_t(t = 1, 2, \cdots, n)$ 的计算公式为

$$w_t = \frac{w_t^s \times w_t^o}{\sum_{t=1}^{n} w_t^s \times w_t^o} \tag{5-69}$$

对于指标集 $X = \{x_1, x_2, \cdots, x_n\}$，其综合权重系数集为 $V = \{w_1, w_2, \cdots, w_n\}$，相对应的综合权重矩阵为 $\boldsymbol{D} = [w_0 \quad w_1 \quad \cdots \quad w_n]^{\mathrm{T}}$。

（四）综合评分函数

将规范化矩阵 $\boldsymbol{B}=[b_{ij}]_{m\times n}$ 乘综合权重矩阵 $\boldsymbol{D}$ 就得到规范化加权决策矩阵 $\boldsymbol{Z}$。

$$\boldsymbol{Z}=\boldsymbol{B}\cdot\boldsymbol{D}=\begin{bmatrix} b_{11} & b_{12} & \cdots & b_{1n} \\ b_{21} & b_{22} & \cdots & b_{2n} \\ \vdots & \vdots & \ddots & \vdots \\ b_{m1} & b_{m2} & \cdots & b_{mn} \end{bmatrix}\cdot\begin{bmatrix} w_1 \\ w_2 \\ \vdots \\ w_n \end{bmatrix}=[e_1 \quad e_2 \quad \cdots \quad e_m] \tag{5-70}$$

因此方案 i 的综合评分函数 $F(\boldsymbol{Z},i)=e_i(1\leqslant i\leqslant m)$，并对综合评价函数取得最大值 $F(\boldsymbol{Z}，i)_{\max}$ 时的方案记为 $s_{\max}$。决策函数 $D=f(S,E,A,W)=s_{\max}$，表示方案 $s_{\max}$ 评价分数最高，为最优方案。

三、灰色关联+TOPSIS 法

灰色关联分析法和 TOPSIS 法都能实现多属性的综合评价分析，TOPSIS 法中运用距离尺度虽能较好地反映备选方案数据曲线的位置关系，但反映方案数据曲线间的变化态势或者相似程度方面仍然存在一定缺陷。灰色关联分析法可反映出备选方案与理想方案数据曲线间的态势及曲线几何形状相似性，并适用于部分信息一致、部分信息采集有困难的信息缺少评价环境。因此，将两种方法结合来构建一种新的方案逼近理想解模型。

（一）基本理论

灰色关联分析法基于备选方案与理想方案之间，能够反映各个因素随着发展过程中的时间或者其他不同对象的变化而产生相应变化的情况的方法。该方法的基本思想就是对方案数据序列的几何关系及曲线几何形状的接近程度来进行分析比较，从而以曲线之间的接近程度来作为关联程度的衡量尺度，灰色关联分析法为多个目标项目的决策提供了一种量化的度量。

TOPSIS 的原理是基于归一化后的原始数据矩阵，并找到在有限方案中的最优方案及最劣方案组成一个空间，再把待评价的方案看作是这一空间中的一个点，可以得到这一点与最优方案及最劣方案之间的距离（常用欧式距离），这样就可以获得该方案与最优方案的相对接近程度，从而便可进行方案优劣的评价，相对接近度的值越大方案越优，反之越劣。

（二）基本步骤

（1）建立初始目标得分矩阵，假设初始矩阵中评价方案数量为 m，评价指标数量为 n，原始矩阵为 A_{ij}。

$$A=\begin{bmatrix} a_{11} & a_{12} & \cdots & a_{1n} \\ a_{21} & a_{22} & \cdots & a_{2n} \\ \vdots & \vdots & \vdots & \vdots \\ a_{m1} & a_{m2} & \cdots & a_{mn} \end{bmatrix} \tag{5-71}$$

（2）为消除指标单位和量级差异，对指标矩阵进行归一化处理，即

$$b_{ij}=\frac{a_{ij}}{\sum\limits_{i=1}^{m}a_{ij}} \tag{5-72}$$

确定各项指标，可采用熵权法对指标进行赋权，即

$$w_j = \frac{1-e_j}{\sum_{j=1}^{n}(1-e_j)} \qquad (5-73)$$

其中

$$e_j = -\frac{1}{\ln m}\sum_{i=1}^{m} p_{ij}\ln p_{ij}$$

$$p_{ij} = \frac{1+b_{ij}}{\sum_{i=1}^{m}(1+b_{ij})}$$

可求得指标向量的权重 $w = (w_1, w_2, \cdots, w_j)^{\mathrm{T}}$。

（3）加权规范化矩阵。将归一化处理的矩阵与相应的指标权重 w_i 相乘，得到加权规范化矩阵 $\boldsymbol{Y}$，即

$$\boldsymbol{Y} = (y_{ij})_{m\times n} = (w_j b_{ij})_{m\times n} \qquad (5-74)$$

（4）确定正、负理想解。正、负理想解由各指标的最大值和最小值构成，即为加权规范化矩阵中各列的最大值与最小值组成的向量集。

（5）计算各项目与正、负理想解之间的欧式距离，即

$$D^{\pm} = \sqrt{\sum_{j=1}^{n} w_j (e_{ij} - e_j^{\pm})^2} \qquad (5-75)$$

（6）计算评价方案到正理想解和负理想解的灰色关联度，即

$$H_{ij}^{\pm} = \frac{\min_i \min_j \Delta e_{ij}^{\pm} + \rho \max_i \max_j \Delta e_{ij}^{\pm}}{\Delta e_{ij}^{\pm} + \rho \max_i \max_j \Delta e_{ij}^{\pm}} \qquad (5-76)$$

以上加权规范化矩阵为基础，$\min_i \min_j \Delta e_{ij}^{\pm}$ 为两级最小差，$\max_i \max_j \Delta e_{ij}^{\pm}$ 则为两级最大差，$\Delta e_{ij}^{\pm} = |e_{ij} - e_j^{\pm}|$，$\rho \in (0,1)$ 为分辨系数，一般取 0.5。

待评价方案与正、负理想解的灰色关联度为

$$L_i^{\pm} = \frac{1}{n}\sum_{i=1}^{n} h_{ij}^{\pm} \qquad (5-77)$$

（7）对欧式距离和灰色关联度无量纲化处理得

$$\lambda = \frac{\varphi_i}{\max_{1\leqslant i\leqslant m}(\varphi_i)} \qquad (5-78)$$

式中：φ_i 表示 $D_i^{\pm}$，$L_i^{\pm}$，$d_i^{\pm}$，$l_i^{\pm}$。

（8）处理后的欧式距离和灰色关联度综合为

$$K_i^{\pm} = e_1 d_i^{\pm} + e_2 l_i^{\pm} \qquad (5-79)$$

式中：e_1，e_2 为偏好程度，反映了位置与形状，且 $e_1 + e_2 = 1$。

（9）计算相对贴近度，即

$$k_i = \frac{k^+}{k^+ + k^-} \qquad (5-80)$$

按照相对贴近度的大小对方案进行排序，得出综合评价结果。

第五节 综合能源服务的标准化体系

规范统一的标准体系是综合能源服务建设和发展的基本条件和保障，要充分发挥综合能源服务的作用，就必须实现设备、信息、业务等环节的互联。综合能源服务的标准化对推动我国能源装备制造、电力系统安全稳定运行、科技成果产业化等都起着纽带和催化作用。

虽然国际上尚无公认的综合能源服务标准，但是国内外已经发布了与之相关的能源互联网、微电网和燃气分布式能源等方面的标准规范。

本节通过上述标准，分析综合能源服务技术标准的发展趋势，为国内相关标准的制定（修订）提供参考。

一、能源互联网

能源互联网是以电能为核心，集成热、冷、燃气等能源，综合利用互联网技术，深入融合能源系统与信息通信系统，协调多能源的生产、传输、分配、存储、消费及交易，具有高效、清洁、低碳、安全等特点的开放式能源互联网络。

能源互联网作为当前国内外的研究热点，已有多个国家开展研究工作。全球能源互联网产业首个 ISO/IEC 国际标准 IEEE 1888 标准于 2015 年 3 月 2 日投票通过。

能源互联网引起国内越来越广泛的关注。2016 年 2 月，国家发展改革委、国家能源局、工业和信息化部联合发布《关于推进"互联网+"智慧能源发展的指导意见》（发改能源〔2016〕392 号）。该意见明确能源互联网的建设目标，即 2019～2025 年，着力推进能源互联网多元化、规模化发展，初步建成能源互联网产业体系，形成较为完备的技术及标准体系并推动实现国际化。

同年 6 月，中国电力企业联合会（简称中电联）提出了能源互联网"十三五"规划目标，计划到"十三五"末，基本建立能源互联网标准体系，编制完成基础通用、系统平台、规划设计、运行互动、核心装备和评价检测等六类能源互联网核心标准。

同年 10 月，中电联正式发布 T/CEC 101.1—2016《能源互联网第一部分：总则》，明确了能源互联网的基本概念与形态，对能源互联网领域的基本原则和系统架构等方面提出了技术性要求。中电联能源互联网标准体系组成如图 5-1 所示、参考架构如图 5-2 所示。

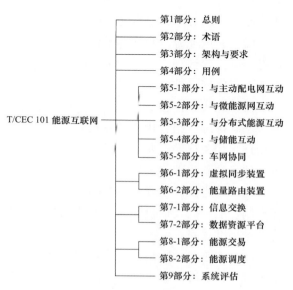

图 5-1 中电联能源互联网标准体系组成

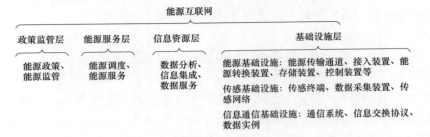

图 5-2 中电联能源互联网标准参考架构

2019 年 3 月 5 日，中电联成立能源互联网标准化技术委员会（CEC/TC 13），秘书处挂靠单位为国网上海能源互联网研究院有限公司，主要负责能源互联网的标准体系建设、标准制定（修订）、标准宣贯等工作，重点在能源互联网发展路线图、基础设施、信息资源、能源服务、政策监管、规划设计、工程建设、运行维护、试验检测等方面进行标准研制及推广工作。

2019 年 5 月 15 日，国家标准化管理委员会、国家能源局《关于加强能源互联网标准化工作的指导意见》发布（国标委联〔2019〕19 号），提出到 2020 年，完成能源互联网标准化工作路线图和标准体系框架建设，制定 30 项以上能源互联网基础和通用标准，涵盖术语、概念模型、体系架构、通用用例、信息安全、示范试点验收和评价等方面技术要求，满足能源互联网示范试点项目建设需要和逐步应用需要。到 2025 年，形成能够支撑能源互联网产业发展和应用需要的标准体系，制定 50 项以上能源互联网标准，涵盖主动配电网、微能源网、储能、电动汽车等互动技术标准，全面支撑能源互联网项目建设和技术推广应用。拟开展的重点任务主要包括：

（1）构建能源互联网标准体系。加强标准的顶层设计，构建系统、协调、兼容、开放的标准体系，有效指导能源互联网标准化的开展，为制定能源互联网标准规划、编制年度制定（修订）计划奠定基础。

（2）完成能源互联网标准化工作路线图。梳理现有标准现状，分析标准缺失，提出标准年度工作计划。统筹规划，结合我国能源互联网发展进程和能源市场建设进展，提出能源互联网标准化工作重点及时间表。

（3）加快重点领域标准制定。研制能源互联网术语、概念模型、体系架构、通用用例等基础标准；结合相关产业发展，制定与主动配电网、微能源网、储能、电动汽车等互动技术相关标准；制定信息安全、示范试点验收和评价等标准，支撑能源互联网试点示范项目的验收评价工作。

（4）推进能源互联网标准的实施。推动标准实施，建立能源互联网试点示范项目与标准制定的正向反馈机制，开展能源互联网效益评价原理与方法的研究和分析，构建评价技术标准体系。

（5）加强与国际组织合作，推进全球能源互联网发展。与国际标准化机构和国际技术组织等在标准制定、国际交流等领域加强联系和合作，发挥标准在联通共建"一带一路"行动中的作用，推广全球能源互联网理念，提升我国在能源互联网国际标准化领域

的影响力。

（6）建立能源互联网标准化工作协调机制和技术支撑机构。制定攻策措施，加强能源互联网标准化宏观协调，研究重大问题。

二、微电网

微电网由分布式发电、用电负荷、监控、保护和自动化装置等组成（必要时含储能装置），是一个能够基本实现内部电力电量平衡的小型供用电系统。微电网是提高分布式电源利用效率的有效方式。在分布式电源渗透率较高的局部地区及电网覆盖不到的偏远地区或海岛，采用微电网可以提高配电网对分布式能源的接纳能力、解决偏远地区的供电问题。

微电网和分布式能源作为综合能源服务的重要组成部分，近年来，其各项技术的标准化进程不断加快。

（一）国际标准体系

2003 年，由 IEEE SCC21 发布的 IEEE 1547《分布式能源并网标准》，是国际上最早发布的针对分布式能源及微电网进行并网规范的标准。其中 2011 年发布的 IEEE 1547.4《微电网并网的规划、运行导则》，首次为分布式能源孤岛系统的设计运行、微电网并网提供了国际规范。IEEE 1547 系列标准体系如图 5-3 所示。

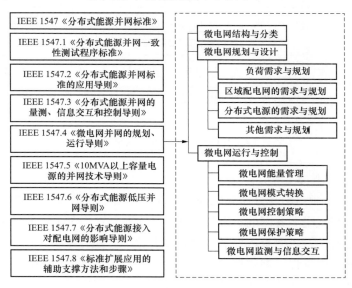

图 5-3　IEEE 1547 系列标准体系

IEC/TS 62257《乡村电气化用小型可再生能源与混合系统的标准规范》是 IEC 最早发布的与微电网相关的系列标准，2006 年发布的 IEC/TS 62257-9-2 首次提出了微电网的概念。IEC/TS 62257-9 系列标准体系如图 5-4 所示。

为推动微电网与分布式能源大规模建设，IEC 于 2017 年成立了 TC 8/SC8B 分布式电力能源系统分技术委员会，先后批准了由中国牵头编制的 IEC/TS 62786 分布式能源与电网互联系列标准和 IEC/TS 62898 微电网系列标准。IEC 62898 系列标准对微电网的规

划设计、运行控制、保护动作和能量管理系统等方面进行了规范。

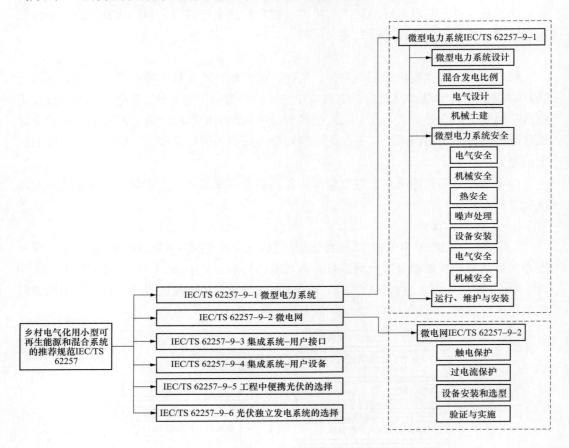

图 5-4　IEC/TS 62257-9 系列标准体系

（二）国内标准体系

2016 年，全国微电网与分布式电源并网标准化技术委员会（SAC/TC 564）成立，负责微电网与分布式电源并网的标准体系建设、标准制定（修订）、标准宣贯等标准化工作，重点在微电网的技术要求、调试验收、试验检测、运行维护，以及微电网和分布式电源接入电网的并网条件、并网调试验收、并网检测、并网调度和运行维护等方面开展标准化工作；同时，承担国际电工委员会电能供应系统方面（IEC/TC8）对口的标准化技术业务工作。微电网技术标准体系如图 5-5 所示。

图 5-5　微电网技术标准体系

针对微电网领域，国内已经发布和实施了一系列相关标准，国家标准如GB/T 51341—2018《微电网工程设计标准》、GB/T 36270—2018《微电网监控系统技术规范》、GB/T 36274—2018《微电网能量管理系统技术规范》等，行业标准如NB/T 10148—2019《微电网 第1部分：微电网规划设计导则》、NB/T 10149—2019《微电网 第2部分：微电网运行导则》、DL/T 1864—2018《独立型微电网监控系统技术规范》、T/CEC 106—2016《微电网规划设计评价导则》、T/CEC 152—2018《并网型微电网需求响应技术要求》、T/CEC 182—2018《微电网并网调度运行规范》等。

后续标准在制定中应针对交流微电网、直流微电网和交直流混合微电网的不同要求，分别编制技术要求；进一步对微电网与电网间互动能力进行规范，包括微电网接入或退出电网的时机及故障穿越相关条件；深入分析电力市场运营对微电网运营主体的影响，并对微电网与配电网、各微电网之间的功率交换、购售电交易规则提出系统性的要求。

三、电化学储能

我国在电力储能领域已经开展了大量科研与实践活动，具有一定的技术积累与应用经验，标准体系结构如图5-6所示。2014年，成立了全国电力储能标准化技术委员会SAC/TC 550，主要负责电力储能技术领域国家标准制定（修订）工作，对口国际电工委员会电力储能系统技术委员会 IEC/TC 120。由于我国电化学储能技术尚处起步发展阶段，截止到目前为止，国内只正式发布了一项电力储能方面的国家标准，即GB 51048—2014《电化学储能电站设计规范》。该标准的发布为电化学储能电站的建设提供了强有力的指标依据，对正在编制和即将编制的国家电力储能标准具有较高的指导作用和参考价值。

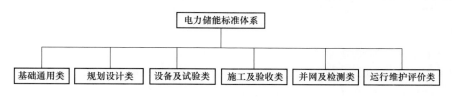

图5-6 电力储能标准体系结构

四、燃气分布式能源

燃气分布式能源定义可概括为就近（供能系统靠近负荷中心，冷热电均就近使用）、小型（机组规模小、分散式布局、可独立亦可并网运行）、高效（梯级利用，综合能源利用率一般大于 70%）、清洁（可实现多种清洁能源的匹配，形成多能互补的终端一体化集中供能系统）。

燃气分布式能源已有的标准主要包括工程技术、单个设备和部分检测标准，如GB 51131—2016《燃气冷热电联供工程技术规范》、DL/T 5508—2015《燃气分布式供能站设计规范》等。当前正在制定标准有《分布式电源燃气发电运行指标评价规范》《分布式电源燃气发电性能测试规程》《燃气内燃机分布式能源站技术监督规程》《燃气分布式能源站技术经济指标规范》《燃气分布式能源项目后评价》《燃气分布式能源站溴化锂吸收式冷水机组性能试验方法》及《燃气分布式能源站固定式内燃机发电机组性能试验规程》

等，还亟需构建系统技术、设备到货与验收、运行检修导则、调试技术、多能互补系统、能源互联网及微电网等方面大量相关标准。

能源行业燃气分布式标准化技术委员会（NEA/TC 37）于 2020 年正式成立，秘书处单位为华电电力科学研究院有限公司，负责燃气分布式能源建设、系统及设备要求、试验检测、运行维护、检修、技术管理等方面标准化工作，系统性推进燃气分布式能源领域标准化工作。燃气分布式能源标准体系如图 5-7 所示，主要包括基础通用、系统技术要求、施工验收、试验、运行维护、检修、技术管理七个部分。

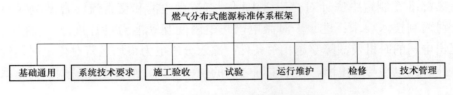

图 5-7　燃气分布式能源标准体系

五、配电网

2017 年 10 月 25 日，中电联配电网规划设计标准化技术委员会（CEC/TC 01）成立，秘书处挂靠单位为国网北京经济技术院和中电联电力发展研究院，主要负责配电网规划设计标准体系的研究、配电网设计相关技术领域的标准化工作，包括配电网规划、勘测、设计等技术标准的研究、编制、审定和推广，目前国内已颁布标准如 GB/T 31367—2015《中低压配电网能效评估导则》、GB/Z 32880.2—2016《电能质量经济性评估　第 2 部分：公用配电网的经济性评估方法》、DL/T 5542—2018《配电网规划设计规程》、DL/T 1883—2018《配电网运行控制技术导则》和 DL/T 2071—2019《配电网电压质量控制技术导则》等。

由于配电网存在结构复杂、电器元件差异大和运维压力大等问题，其未来的标准建设应加强电力企业的主导权利，参考施工人员、元器件设备生产商及运维人员的意见，强化元器件设备几何尺寸、元件布局及技术特点等方面的标准建设。

六、需求侧管理

2019 年 4 月 2 日，全国电力需求侧管理标准化技术委员会（SAC/TC 575）正式成立，秘书处挂靠单位为南方电网科学研究院有限责任公司，主要负责电力需求侧管理基础、需求侧设备、需求侧管理技术、用电与交易策略（不包含用户用电策略管理）等领域国家标准制定（修订）工作。目前国内尚无该领域的国家标准，仅有 DL/T 1330—2014《电力需求侧管理项目效果评估导则》、T/CEC 276—2019《电力需求侧管理项目节约电力测量技术规范》和 T/CEC 5009.1～5009.5《工业园区电力需求侧管理系统建设》等。

七、电动汽车充电设施

2010 年 7 月 21 日，能源行业电动汽车充电设施标准化技术委员会（NEA/TC 3）成立，秘书处设在中电联标准化管理中心，国家能源局为标委会的业务主管单位。主要负责制定（修订）电动汽车充电设施及储能装置电动汽车应用等领域涉及技术条件、运行、安装、试验方面的标准。目前国内已颁布一系列标准，如 GB/T 29781—2013《电动汽车

充电站通用要求》、GB 50966—2014《电动汽车充电站设计规范》、GB/T 51313—2018《电动汽车分散充电设施工程技术标准》、NB/T 33005—2013《电动汽车充电站及电池更换站监控系统技术规范》、NB/T 33007—2013《电动汽车充电站/电池更换站监控系统与充换电设备通信协议》、T/CEC 208—2019《电动汽车充电设施信息安全技术规范》等。

我国电动汽车充电设施标准化还需在以下几方面持续推进：

（1）完善充电设施标准体系建设，建立与电动汽车推广和智能电网发展相适应，与国家、行业、地方、企业标准相协调的电动汽车充电设施标准体系。

（2）整合现有标准成果，在鼓励多层次多主体积极制定标准的同时，尽快促使核心内容的协调一致。

（3）加快产业发展急需的关键标准研制，如充电设备计量标准、充电站建设标准等。

（4）结合充电技术基础研究，开展与充电站、智能用电平台、充电设施检测平台等科研项目同步交流合作，为标准化奠定应用技术基础。

（5）跟踪电动汽车充电设施国际标准化活动，深化标准研制和推广的国际合作，努力参与国际标准竞争寻求定点突破。

八、综合能源服务

综合能源系统是多能流彼此协调、配合和优化的有机整体。电力作为综合能源服务的核心能源和纽带，相关的标准化工作进展较快，但天然气网络和热网络在综合能源服务中的角色定位、协调规划及储存运输安全等方面仍缺乏相关标准。随着综合能源市场的开发和运行，各类能源在产、供、储、销各环节的市场份额和竞争力将发生重大变化，综合能源服务商业模式也亟需相关标准和规则的规范。

综合能源服务标准化工作在国际上还处于初步阶段，到目前为止，尚没有国际标准化组织明确提出综合能源服务的标准架构。而国内综合能源服务标准化工作也刚刚起步，各地开展的工程实践面临缺乏标准支持的问题，距离国家提出的建设"互联网+"智慧能源所需要达到的标准化水平相比，还存在相当大的差距。综合能源服务现仅有一个国家标准，即 GB/T 26916—2011《小型氢能综合能源系统性能评价方法》。

2019 年底，能源行业综合能源服务标准化工作组批准筹建，由中国南方电网有限责任公司承担秘书处工作。工作组将负责节能检测、供能质量控制、能源托管和运营等综合能源服务领域的标准化工作，同时在综合能源供应、综合能源技术装备、综合能源建设运营和综合能源"互联网+"等与综合能源服务有交集的领域开展标准化工作。

目前，综合能源服务标准缺乏顶层设计，其标准体系尚未建立，各个领域的标准化工作各自进行，缺乏协调配合；缺乏综合能源服务基础及核心标准，在基本概念、体系架构、核心技术等方面尚未形成共识，需要统筹国内外资源，从多能源领域对综合能源系统标准化进行统一规范。

第六章 综合能源服务的智能化技术

第一节 综合能源服务智能化的架构

人工智能（artificial general intelligence，AI）是计算机科学的一个分支，是机器的智能。机器通过接受和处理外部数据，并以一种类似人类智能的方式对外界的变化做出反应。一般来说以下人类的智能被认为是最为重要的：逻辑推理能力、语言理解能力、计划和预测能力、操作物体能力、情绪识别能力。根据人工智能系统的能力又可以分为三个等级：擅长于单个方面智能的弱人工智能（artificial narrow intelligence，ANI）、融合人类各个方面智能的强人工智能（artificial general intelligence，AGI）、所有领域都超越人类智能的超人工智能（artificial superintelligence，ASI）。自从1956年达特茅斯会议标志着人工智能诞生以来，其理论和技术日益成熟，应用领域也不断扩大，目前正处于从弱人工智能到强人工智能转变的道路上。特别是近年来第三次人工智能发展热潮，以深度学习的神经网络为代表的机器学习技术快速发展，将大大缩短向强人工智能转变的过程，如图6-1所示。

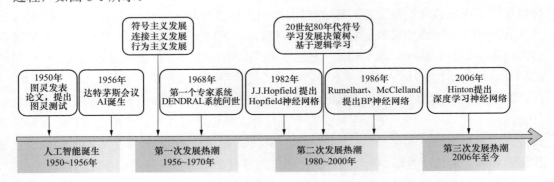

图6-1 人工智能发展历史

随着多种能源的接入，以及大规模区域互联，传统能源网络正逐步向演变成多维数的综合能源网络。随之产生的综合能源服务涉及一定区域内电、热、冷、气、水等多种能源系统集成，通过对多能流、多用户之间的协同优化管理，在满足能源多元化的需求前提下，实现多能互补、提升整体效益。综合能源服务的人工智能化可以有效面对这样一个庞大复杂的系统，大大缩短信息采集、分析响应以及决策时间，从而提升收益。

综合能源服务智能化，主要是基于信息技术，通过融合多种人工智能技术，实现不

同的应用功能。综合能源服务智能化的架构是一个概念模型，用于定义整个系统逻辑结构和系统行为。其智能化架构是一个组织信息技术和人工智能技术的规划和设计的过程。它提供了一种把人工智能技术，数据流，硬件设备，用户需求合理、高效联通的方式。

架构的作用首先主要在于协调需求的不确定性，服务的多样性及技术的复杂性之间的矛盾。需求的不确定性和服务多样性来自不同的用户对象。而需求不确定性和数据来源多样性让技术变复杂。其次一个好的架构可以帮助组织好各种技术，保障综合能源服务在不同条件下的稳定高效可靠运行。

综合能源服务智能化系统架构一般由各个具体功能的组件和系统子层级共同协作配合构成。综合能源服务智能化的架构如图 6-2 所示，总体可以分为数据源层、数据接入层、中间层、服务层四个层次。

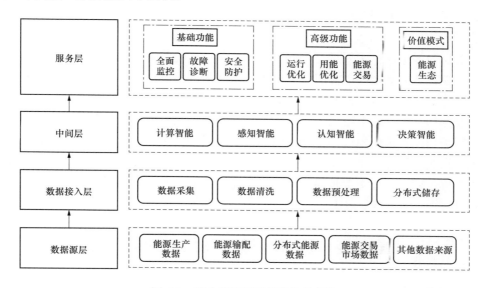

图 6-2　综合能源服务智能化的架构

数据源层是基础，此层包含各自必要的数据源，提供了服务层所需解决问题的洞察，以及中间层智能化分析必需的海量数据。数据源包含能源生产数据、能源输配数据、分布式能源数据、能源交易市场数据和其他数据来源。不同数据源导致了数据具有多源异构性，进一步决定了数据采集与数据存储的技术选型。

数据接入层负责从数据源层获取数据，处理数据，储存数据。此层首先利用物联网技术通过智能电能表、智能水表、智能气表和智能流量计等各类传感器、量测装置、定位系统、RFID 等信息传感设备，用于采集设备端数据。此外数据也可以通过第三方间接获得，比如数据可能来自某个第三方天气数据库。数据采集完成之后，数据清洗组件将会对不同来源的数据进行清洗处理，以保证数据的完整性、唯一性和一致性。数据清洗完成后或在数据清洗的同时，数据预处理组件将不同数据转换为适合数据分析方式的格式。数据预处理组件的目标一方面是要提高数据的质量，另一方面是要让数据更好地适应中间层特定的智能化分析组件。数据接入层最终将负责把数据存储起来。现在较为

综合能源服务：系统与模式

普遍的数据存储技术是分布式存储，即通过网络，使用每台机器中的零散存储空间，把原有分散的存储资源化零为整，最终整合为一个虚拟的存储设备进行数据存储。分布式网络存储系统具有可扩展性，可以利用多台机器分担存储负荷。相较于传统数据存储方式，它不但提高了数据存储的可靠性、可用性和存取效率，还具有易于扩展的优点。

中间层主要是联通数据接入层和服务层。中间层主要包含非业务的技术类组件。中间层通过融合一系列软件构件，处理分析从底层获取的数据，为服务层提供可调用或进一步分析的结果，更进一步协同两层的工作任务执行。中间层不涉及业务的具体功能，但是借助此层在不同的技术之间共享资源，中间件可管理计算资源和网络通信。中间层囊括多种中间件，一般中间件可以分为基础中间件、集成中间件和应用中间件。其中基础中间件是集成中间件和应用中间件构建的基础。中间层的主要功能为数据传输、数据访问、应用调度、应用分析等。此层的主要特点为计算智能、感知智能、认知智能、决策智能。

服务层为最顶层，主要通过中间层处理分析之后的数据，对应不同用户按需求提供服务。从能源供应商走向能源服务商，本质是满足用户更精细、更灵活的能源和服务需求，综合能源服务的本质并不仅仅在于服务形式上的多元化，供能的多样化，而在于多种相关业务相互配合后所带来效益的提升。基本上，服务层可分为三个部分，包括基础功能、高级功能和价值模式。基础功能部分主要对数据接入层的全面感知，对数据的智能分析。高级功能部分主要是对能源系统的控制策略调整、评估优化、对用户的高级功能服务。价值模式部分主要是促进能源生态建设，为政府、终端用户、产业链上下游提供信息对接、供需匹配、交易撮合。

第二节　综合能源服务智能化关键技术

一、物联网技术

物联网（internet of things，IoT）起源于传媒领域，是由互联计算设备、信息传感设备按约定的协议并具有设备唯一标识符的系统。该系统将任何设备与网络相连接，物体通过网络传输数据，进行信息交换和通信，而无需人与人或人与计算机的交互，并实现整个系统智能化。

物联网的概念首次由美国麻省理工的凯文·艾什顿教授（Kevin Ashton）在 1998 年提及，并于 1999 年建立 Auto-ID Center，意在通过互联网平台构造一个全球物联的信息实时共享网络。他指出将 RFID 技术应用到日常物品中构造一个物联网。以前大部分设备对象无法生成、传输和接收数据。现在将传感器、自动控制系统嵌入到这些设备对象中，可以实现设备对象之间互联互通的网络通信。该概念能够使得越来越多设备联网，使得系统中设备生成的数据能够有效利用，帮助企业更高效地运行、深度分析业务流程并做出实时决策。

物联网囊括许多技术，但对于该领域至关重要的无疑是在设备之间建立可传输的有线（无线）通信网络。具体实现包括射频识别技术（RFID）、M2M 系统框架、云计算等。

RFID 使用电磁场来自动识别跟踪对象。RFID 标签由微小的无限应答器组成，可接受发送信号。RFID 在物联网中是对其他智能传感器设备强有力的补充。M2M 是指机器对机器，是使用包括有线（无线）通信通道让设备之间直接通信。最初 M2M 通过将设备的信息通过远程网络传回中央处理系统进行分析后，再重新发送到终端系统上。目前 M2M 框架以经演变成将数据直接传输到分布式终端。IP 网络在世界范围内的扩展使得 M2M 通信更加快捷，功耗更低。

图 6-3 所示为物联网应用到现实中的一个大致阶段。以综合能源为例，第一阶段是实现综合能源系统内设备互联，通过智能传感器实现局部数字化。第二阶段是通过对物联设备的智能化分析高效的调整运行、深度分析业务流程，进而降低成本，提高收益。第三阶段是实现各个系统智能互通。通过本地数据分析及跨区域商业行为深度分析和服务的业务模式创造价值。

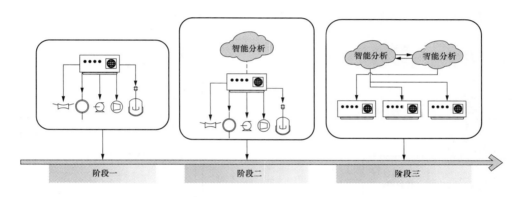

图 6-3　物联网应用通用阶段

二、大数据技术

大数据（big data）技术，指处理分析，系统地从中提取信息或以其他方式处理过大或复杂的数据集的方式。这些数据无法由传统的数据处理应用程序软件处理。具有很多情况的数据需要更强的统计能力，而具有更高复杂度的数据可能会导致更高的错误发现率。大数据挑战包括捕获数据、数据存储、数据分析、数据搜索、数据共享、数据传输、可视化、信息隐私和数据源。大数据最初与三个关键概念相关联：数量（volume）、多元（variety）和速度（velocity），之后经过美国 IBM 公司的发展，又增加了价值（value）和真实（veracity）。目前主流观念认为大数据具有"5V"特征，如图 6-4 所示。

处理大数据时，可能不会采样，而

图 6-4　大数据"5V"特征

只是观察和跟踪发生了什么。因此，大数据通常包含的数据具有"5V"特征，大大超出传统软件可处理的能力。当前综合能源系统中大数据往往使用预测分析、用户行为分析或某些其他高级数据分析方法来从数据中提取价值，而很少使用特定大小的数据集。

三、人工智能技术

人工智能化的本质在于缩短信息采集时间、分析时间、处理响应时间，从而提升效率。人工智能（AI）实体和系统能够通过模仿生物过程来执行类似于学习和决策的操作，并特别强调模仿人类的认知过程。在大多数情况下，人工智能不会提供完全自主的系统，而是向现有应用程序、数据库和环境添加知识和推理，使它们更友好、更智能，对环境中的变化更加敏感，其主要表现于计算智能、感知智能、认知智能、决策智能。该技术的核心在于人工智能算法。人工智能算法经过几十年的发展，演化出不同种类的算法不胜枚举，但是大体上可分为机器学习、搜索算法与优化理论、决策算法、统计方法，如图 6-5 所示。其中，又数机器学习算法和搜索优化算法在综合能源服务智能化的应用中最为广泛。

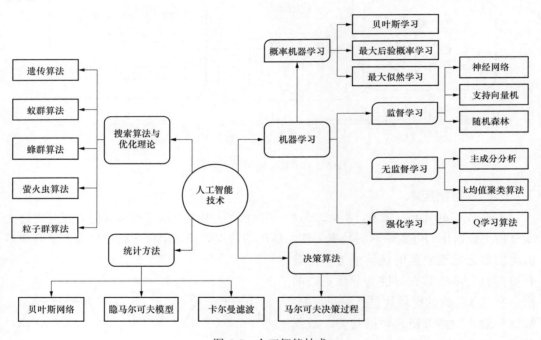

图 6-5　人工智能技术

机器学习算法可以根据经验自动改进提升，是人工智能的重要分支。机器学习算法基于样本数据（训练数据）构建数学模型，以便进行预测或者决策。一般机器学习可以分为监督学习、无监督学习、强化学习、概率机器学习。

监督学习算法可建立包含输入和所需输出的一组数学模型。最广为人知的神经网络和支持向量机就属于监督学习领域。通过目标函数的迭代优化，监督学习算法训练了一种可用于预测与新输入数据相关的输出函数，从而进行预测。通常这种算法可以随着时间的推移提高其输出或预测的准确性，并一定程度上学会如何执行同类任务。监督学习

算法在综合能源领域中的能源预测、用能行为分析中有着举足轻重的作用。

无监督学习算法获取仅包含输入的一组数据，并在数据中查找结构，比如数据的分类等。算法将在未标记或未分类的测试数据中学习。无需响应反馈，无监督学习算法就可以识别数据中的共同特性，自动分析新数据是否存在相关特性并做出反应。

强化学习则是通过在任何环境中采取行动以最大积累奖励为目标进行正确方向的强化学习。通常很多强化学习算法都采用动态编程技术。强化学习由于其通用性在很多领域都有大量应用，比如在系统控制、基于仿真的优化过程。同时，其与遗传算法、统计算法等其他算法结合应用也非常广泛。

概率机器学习与监督学习类似，通过从经验获得的数据进行学习。相比之下，概率机器学习往往会面对大量具有一定不确定性的训练数据。概率机器学习提供了一种框架，能够明确的解决不确定条件下的感知，推理和学习问题。概率机器学习可应用在综合能源系统的能源预测中，特别是针对系统接入的风光等新能源所固有的不确定性。

搜索算法与优化理论相互之间结合紧密。通常搜索算法是一种解决优化问题的直接方法。在求解时搜索算法通过有导向的穷举一个问题的部分可能情况，通过对这些情况的评估比较选择最优解。搜索优化算法不需要计算目标函数的导数，因此在解决不可导的函数或检索离散值的优化问题时非常有效。在优化中，一般首先通过给予决策变量的初始值开始评估。因为这些值往往可能不是最佳值，不同的搜索算法通过不同的方式不断更改、筛选它们，直到获得最佳值为止。遗传算法、蚁群算法、粒子群算法等都属于搜索与优化算法。大部分搜索算法都属于仿生学优化算法，起源于对生物系统所进行的计算机模拟研究。它们是模仿自然界生物优胜劣汰机制发展起来的全局搜索和优化方法。搜索算法与优化理论在综合能源规划中有着广泛的应用。

四、区块链技术

区块链是一种新型信息技术。从本质上讲，区块链是一个各方之间共享的、分布式的交易数据库，旨在提高透明度、安全性和效率。区块链是一个不断增长的记录列表，称为块，它们使用密码学进行链接和保护。每个块（block）通常包含前一个块的加密散列哈希（hash）、时间戳（time stamp）和事务数据（transaction data），其运行结构如图6-6所示。

根据设计，区块链可以抵抗数据修改。它是一个开放的分布式账本，可以有效记录双方之间的业务数据，并以可核查的和持久的方式进行记录。为了用作分布式账本，区块链通常由P2P网络进行管理，该网络集体遵守用于节点间通信和验证新块的协议。一旦记录，任何给定块中的数据不能被追溯更改而不改变所有后续块，这需要网络多数节点的一致意见，这也称作具有高拜占庭容错性。

区块链本质上是一个分布式数据库，在多个节点之间维护和同步。比如业务数据必须在多个记录方之间保持一致，才能被添加到区块链中。这意味着，通过设计，多个参与方可以访问相同的数据，从而显著提高系统透明度级别。

从概念上讲，使用区块链维护数据库的多个副本似乎不会比单个集中式数据库更有效。在传统情况下，若与同一交易有关的数据存在冲突，会导致组织之间需要昂贵的、

综合能源服务：系统与模式

耗时的对账程序。而跨组织使用区块链等分布式数据库系统可以大大减少手动对账的需求，从而在组织之间节省大量成本。因此，区块链还能提高维护交易数据库的效率。

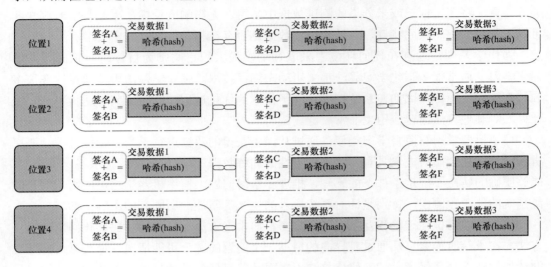

图 6-6　区块链技术

区块链的设计是安全的，并且具有高拜占庭容错性的分布式计算系统。因此，通过区块链实现了去中心化的共识。这使得区块链可能适用于各种记录管理活动，与综合能源物联网有着良好的契合度。区块链技术引入了智能合约机制，使得其在去中心化的能源交易体系中可以起到十分关键的作用。相较于传统合约的方法更加安全，并降低交易成本。

第三节　智能化技术的应用

一、综合能源智能预测与规划

人工智能中机器学习可以根据训练数据自动改进提升进行预测或者决策的特点被应用在系统能源预测和用户用能行为分析中，进而为综合能源系统实时价格调整和改善能源结构提供理论支持。机器学习在此方向中的应用，是健全综合能源交易的重要基石之一。使用人工智能，系统地评估能综合能源系统涉及的大量数据（如天气数据或历史数据）会更简单。更好的预测还提高了能源网的稳定性，从而提高了安全性。特别是在预测领域，人工智能有助于促进和加快综合能源的整合。机器学习在改善能源行业的预测方面发挥着重要作用。近年来预测质量的发展表明，人工智能在这方面的潜力巨大。

综合能源系统涵盖了除电以外，更广泛的热、冷、气、油等多种能源形式，既有传统化石能源，也包括风、光等绿色可再生能源。与此同时，综合能源系统也面对比传统能源系统更多样的用户。如何更好地掌控多种不同能源在生产、输送、存储、销售过程中迥异的物理属性，以及妥善协调众多的影响因素，是研究综合能源系统的核心问题。当需求出现大的波动时，对于有大量可再生能源接入能源系统来说，价格可能非常昂贵。

128

随着大多数国家转向绿色能源，对需求波动作出有效反应变得更加困难。例如德国计划到 2050 年使用可再生能源覆盖 80%的电力消耗。像德国这样的国家将面临两个主要问题：首先是需求波动，电力需求在一年中的特定一天或期间（例如圣诞节）的飙升是很常见的。冷需求往往在夏季飙升，在冬季较低；热需求则正好相反，往往在冬季需求量较高。其次是天气波动，如果没有风，或者天空是多云的，风电或光伏发电所产生的电能就会大大降低，供应就很难跟上电力需求。

机器学习模型首先对所有相关数据进行评估，包括用能面积（冷、热、电负荷）、工时、人员数量。同时也包括月平均气温等环境数据，以及其他影响能耗的各种因素，然后算法将进行训练。通常工作时数和用能面积对能耗的影响最大。机器学习模型用于各种用能行为预测分析，以找出用户未来的预期能耗，从而更准确地给出各种建议的回收期。

综合能源系统通过实现多能源协同优化提高可再生能源的利用率，但是存在源网结构复杂、负荷多变、能源出力波动等问题。此外，由于综合能源系统有大量可再生能源发电单元、新型电力电子设备装置的接入、以电动汽车为代表的主动负荷的增多都给电力系统注入了更多的不确定性，其规划问题较传统能源规划问题更为复杂。

一方面综合能源系统规划通常涉及数量巨大的决策变量。规划问题中的决策变量包括各种能源容量配置、能源站选址等。数量巨大的决策变量将会导致不同的可行规划方案会很多。另一方面，大多数综合能源系统规划优化研究考虑经济性、环境影响，甚至更多目标作为优化目标。多目标设计有助于规划决策者做出更合理的评估，然而多个目标往往是相互矛盾的，多个目标很难同时达到最优，此时基于搜索算法的多目标优化技术在这类问题之中就得到了应用。

以遗传算法和粒子群算法为代表的搜索优化算法在处理此类问题时，通常基于能源预测和用能行为分析，通过计算设备故障、时间依赖能量源和不确定性负载变化，根据概率方法进行充分性评估。特别是由于风速和太阳辐射的不可预测性及负载随机变化性，采用时序模型来反映其随机特性。此外也可以辅助敏感性研究，以检查不同系统参数对整体设计性能的影响。

二、综合能源协调控制与优化

能量管理系统（integrated energy management system，IEMS）作为综合能源系统的"大脑"，对多种能量流进行在线实时分析、优化和控制。通过多能协同优化，在保障安全供能的前提下，提高综合能效，降低用能成本；通过在互补的多能系统中挖掘新的灵活性资源，增强可再生能源的消纳能力。

对于能量管理系统，普遍认为是计算机辅助决策系统，主要包括数据通信系统和智能调控系统两部分。一方面通信系统用来实现能源相关信息的数据采集与监视控制，另一方面智能调控系统则实时对数据通信系统所收集的数据进行分析，调控供能单元输出功率及储能单元充放动作，以提高能源利用效率。

（一）综合能源服务管理系统架构

以城市综合能源系统为例，在城市级建设 IEMS 专有云，实现对广域范围内传统电网调度无法涉及的大量分布式资源的灵活控制与管理，提供云端能量管理、虚拟能厂等

服务，如图 6-7 所示。系统采用分层分布式结构，以大数据、物联网、移动互联网技术等为支撑，借助云数据中心，对"感知"来的电、热（冷）、气等多种能源的生产、输送、消费等各类信息进行智能处理，对整个能源系统进行监控和管理。

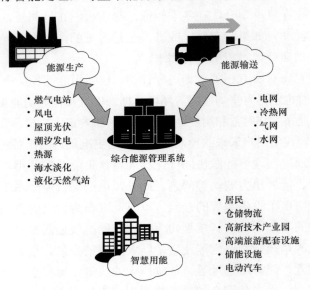

图 6-7　综合能源管理系统定位示意图

对于园区级综合能源系统，在园区级建设 IEMS 主站，对园区内能源的生产、传输、存储、消费等环节实施整体监管。在终端部分，针对园区内各环节[如冷热电联产（CCHP）系统、数据中心、电动汽车充电站、楼宇、厂房等]，建设 IEMS 子站，用于终端内部的自律管理。

（二）综合能源服务管理系统功能模块

在 IEMS 支撑平台系统基础上，IEMS 主要实现的功能模块包括多能流 SCADA、实时模型与状态感知、安全分析及预警控制、优化调度控制等。

1. 多能流数据信息采集监控

综合能源数据信息采集监控（supervisory control and data acquisition，SCADA）是 IEMS 的最基本应用，主要用于实现完整、高性能的稳态 SCADA，是后续分析、调度和控制等功能的基础。多能流 SCADA 基于多能流传感网络，实现电、热、冷、气等综合能源系统的 SCADA 功能，具体包括实时数据采集、处理、控制和调节、事件和告警处理、自动记录和打印、事件追忆及事件顺序记录（SOE）等功能，如图 6-8 所示。

SCADA 主要负责园区内电力网、天然气网、热力网、发电设备、储能设备、各类负荷（充电桩、厂房、数据中心等）信息的数据采集、处理，通过通信网络上传到本地服务器。

2. 实时模型与状态感知

实时模型与状态感知是在建立基于电力系统模型扩展的综合能源系统模的基础上，通过补齐量测数据、剔除坏数据，提高基础数据及评估决策的可靠性。其结构图如图 6-9 所示。

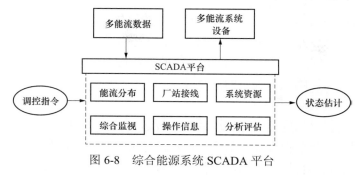

图 6-8 综合能源系统 SCADA 平台

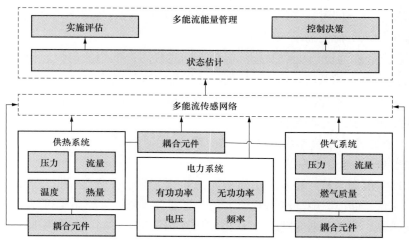

图 6-9 实时模型与状态感知

由于不同能流系统的动态响应特性差异显著，不同运行场景下起主导作用的过程根据系统类型、规模和时间尺度而变化，IEMS 的多能流实时模型需要考虑适用于不同应用场合的多时间尺度综合模型，同时为了适应多管理主体的特征，模型需采用总体迭代—局部联立的求解策略。

状态感知功能需要兼顾热、气系统与电力系统在调节机制、响应速度上的差异，在稳态状态估计的基础上，建立多能流多时间尺度动态估计方法。该模块功能主要包括状态与量测维护、网络拓扑分析、量测预过滤、可观性分析、伪量测自动生成与处理、状态估计与坏数据辨识、网络拓扑检错、参数辨识与估计等。

3. 安全分析与预警控制

由于综合能源管理系统中包含了多种不同类型的能源系统，从系统层面上看故障机理复杂。当某一系统出现故障有可能引发多个系统受到影响，造成连锁反应。IEMS 的安全分析功能结构如图 6-10 所示。

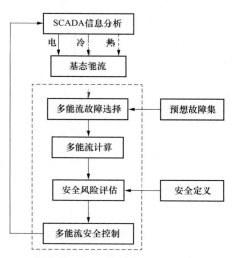

图 6-10 IEMS 安全分析功能结构

经过 SCADA 系统的数据采集，分析耦合系统发生扰动后，系统间相互作用而引发连锁故障的可能性，以及扰动或动作在综合能源系统不同时间尺度下表现出来的不同特征和影响主体，充分挖掘热、气等慢动态系统的灵活性，为消除快动态系统（电力系统）的安全隐患提供控制策略，做到协同安全控制。

4. 优化调度控制

综合能源系统优化调度控制是实现系统高效运行的核心功能，通过协同各种可调控资源，实现不同能源类型耦合互补与最优能流，达成可再生能源最大化消纳、降低运行成本、提高综合能效等目标，从而最大化经济效益，为综合能源服务商提供能源系统运行的整体解决方案。同时，在综合能源系统辅助服务市场的趋势下，优化调度控制还需要在各过程中加入负荷侧需求响应带来的影响。

IEMS 系统能够通过历史数据分析得到不同时段用户的用能习惯，根据这些数据制定能源可替换计划及能源转化策略，找到各能源最经济的供给比例，优化能源生产方式。同时，系统能够指导各能源生产企业及时调整能源产量和各类能源的生产比例，对能源需求侧和生产侧起到一定的导向作用。

（三）综合能源服务管理系统典型应用

1. 智能微网能源管理系统

（1）微网多能源系统。系统典型结构如图 6-11 所示，主要包括能量管理系统、微型燃气轮机、光伏、储能、电动汽车及楼宇负荷等部分。能量管理系统可以通过和 AC/DC 变流器、变压器、充电机控制器、负荷控制器互相通信，并可以进行实时控制。

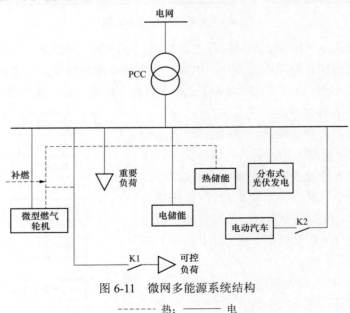

图 6-11　微网多能源系统结构

------- 热；——— 电

其中，光伏发电属于间接性电源，其出力特性不可控，微网能源管理系统无法对其进行控制。燃气轮机、蓄电池属于可控性分布式电源，微网能源管理系统可以对其进行控制。通常电动汽车的出（入）站时间、充电需求均不确定，微网能源管理系统通过电

价引导电动汽车在合理时间进行充电。

微型燃气轮机发挥其热电联产效益高的优点，发电时产生的高温余热烟气尽量满足用户热能的需求，其出力可以根据系统在各时间段内的电、热电负荷需求和其使用的能源的价格进行人工优化。当供热超过系统内负荷需求时，由热储能吸纳，以节约系统资源使用；当供热不能满足系统总负荷需求时，热储能和补热锅炉对其进行补充供热。

（2）微网光储充系统。微网光储充系统由光伏发电、电池储能系统、充电桩等组成部分，均纳入智慧能源管理平台监控，其典型结构如图 6-12 所示。

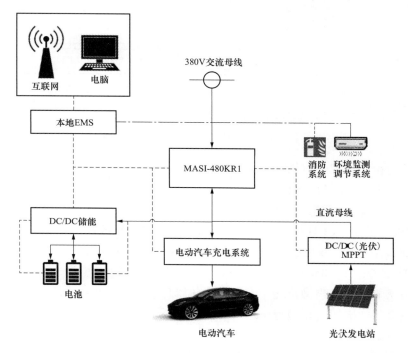

图 6-12　光储充系统典型结构

电网运营模块向能量管理系统提供电价的信息，能量管理系统根据负荷需求实时调节电网供电功率；光伏系统接在母线上，通过最大功率点跟踪将实时功率信息传送到能量管理系统。变压器负责不同电压等级的转换；充电机向电动汽车充电时，通过控制器保证输出功率的平滑性；用户在控制器面板上设置服务信息，如充电类型、出（入）站时间等。充电机控制器可以与电动车电池管理系统进行信息交换，并实时传送给能量管理系统。能量管理系统通过与负荷控制器的通信与控制，实现对负荷的平移。

2. 智能楼宇管理系统

智能楼宇管理系统主要是对楼宇内的机电设备进行监控管理。随着技术的发展，当前智能楼宇的概念有所延伸，不仅包括传统的机电设备的监测、控制、管理，还包括了智能照明及楼层房间的自动化、能源管理等。

一种基于物联网的智能楼宇综合管理系统技术架构如图 6-13 所示。该系统共分为感知层、接入层、传输层、平台层和应用层五个部分。

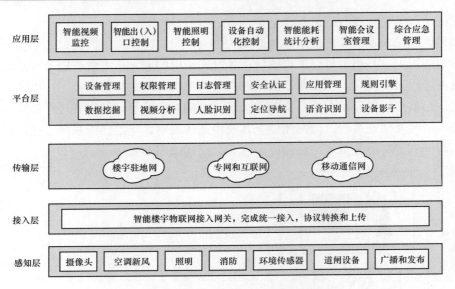

图 6-13 基于物联网的智能楼宇综合管理系统技术架构

作为智能楼宇管控一体化的能源综合监控信息化平台，对建筑的电力、燃气、水等各分类能耗数据进行采集、处理，传感器和执行器、监测和检测间环环相扣，并进一步分析建筑能耗状况，实现建筑节能应用等。

以含 PV、EV 及 CCHP 系统的综合能源楼宇群为研究对象，聚合屋顶光伏发电 PV（photovoltaic）、储能系统 ESS（energy storage system）、电动汽车 EV（electric vehicle）、温控负荷 TCL（thermostatically controlled load）等需求侧用户资源，可作为新型利益主体参与能源调节，其中，电力市场结合输电系统管理者 TSO（transmission system operator）进行安全校核。结构如图 6-14 所示。

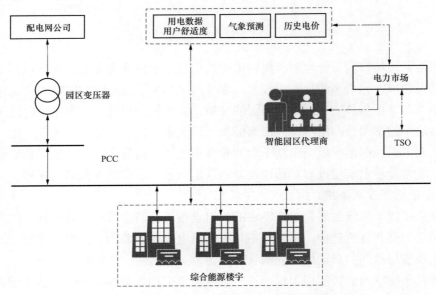

图 6-14 综合能源楼宇智能园区运行架构

智能园区代理商作为能量管理者，负责统一协调园区智能楼宇群内部资源，进而将园区作为整体，代表其内部资源与电网进行交互，是智能楼宇与电网间能量互动的过渡层。

在日前调度过程中，基于电力市场历史电价，结合用户用电数据、舒适度等信息，从园区运行经济性的角度出发，在满足用户用能需求的基础上，制订楼宇内产用能计划、楼宇间电能共享计划。考虑园区内变压器及线路容量约束，通过协调内部的能量，实现电能的就近消纳，提出园区整体同电网的电能交互计划并上报至电力市场。电力市场下达最终的电价信息及园区调度方案。

3. 数据中心能量管理系统

数据中心配置主要由制冷系统、不间断电源（UPS）、电源分配（PDU）信息通信设备、照明和办公设备、配电系统和后备电源等部分组成，如图 6-15 所示。

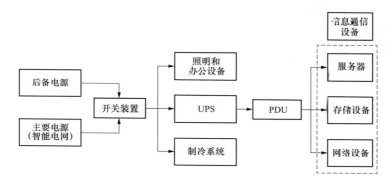

图 6-15　数据中心基本组成

能耗的管理和优化与云计算数据中心承载的业务密切相关。为实现综合性的效率提升，一般需要跨各层的数据中心能耗数据监控与采集，实现各层之间能耗和业务的联合感知，对资源进行协调调度，在保障服务质量（quality of service，QoS）的情况下，实现资源的优化利用和能源效率的不断提升。

跨层的云计算数据中心能耗感知和精确能量管理框架包括能耗感知、精确能量控制和资源优化调度等技术，框架结构如图 6-16 所示。该能量管理框架工作流程包括能耗与业务数据采集、能耗数据建模分析、资源优化调度、精确能量控制等环节。

能耗与业务数据采集是能量管理的基础，通过 L1 层和 L2 层能耗数据采集和数据

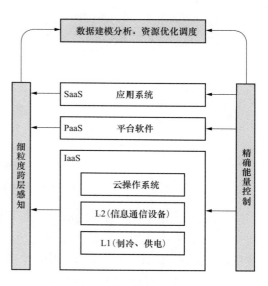

图 6-16　数据中心能耗感知和
精确能量管理框架

综合能源服务：系统与模式

中心 PUE 等指标计算，可以掌握云计算数据中心的能耗水平和变化规律，发现高能耗的设备和系统，为采取有针对性的措施提供基础。

通过信息通信设备运行状态和业务 QoS 数据的采集，根据系统特性和业务模型，计算云操作系统、平台软件和应用软件层面的能耗，为资源优化调度提供基础。

在资源调度优化领域，在保证 QoS 的情况下对云计算资源或业务系统资源进行调度，包括设备休眠与启停、功率限制、负载合并等技术。资源调度与优化问题一般转化为最优化问题，然后进行求解，所用到的人工智能方法主要有启发式算法、深度神经网络、深度强化学习、线性规划、蚁群算法、模拟退火等。

三、综合能源智能交易与体系

（一）综合能源智能交易机制

近年来能源交易逐渐开放，市场改革逐步深入，大量新能源接入，市场竞争日益激烈，供应的能源种类也随之增加，实时定价信号更紧密地匹配能源的供需。综合能源系统，由电力网络、油气网络、冷热网络等通过能源节点互联起来，多种网络通过能源节点进行能量交换、信息交换及价值交易，如图 6-17 所示。

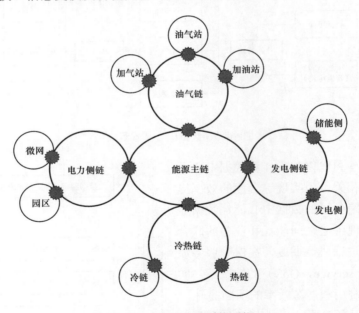

图 6-17　综合能源系统网络

―― 能源流；　● 能源节点

一种基于供需双侧博弈的综合能源智能交易机制如图 6-18 所示。参与综合能源市场交易的主体被分为两大块：综合能源供应商和园区。能源供应商一般为传统的集中式供能，园区则由运营商和用户构成。园区运营商作为能源供应商和用户之间的一个纽带，一方面，可以通过园区内部已有的分布式能源站给用户供应能源；另一方面，若园区内部供能不足或者外部能源供应商供能价格低，也可以通过从能源供应商获得能源供应给用户。因此在供需双侧博弈的综合能源智能交易机制下，综合能源交易系

136

统除了需要接收到能源供给方价格信息，也需要实时获取用户侧需求信息。园区运营商不但可以对园区内部分布式能源设备做出以最大化净利润为优化目标的运行策略调整，还可以通过调整对用户售能价格来促使用户主动调整能源负荷的需求量。

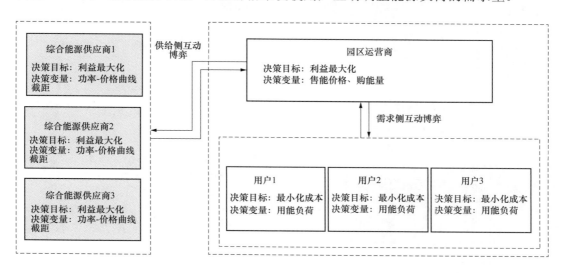

图 6-18　综合能源智能交易机制

综合能源市场三类参与方都有各自不同的决策目标、决策变量、约束条件。三类参与方在基于供需双侧博弈的综合能源智能交易机制下，主动响应外部变化的条件调整合理的运行或者需求策略，从而达到自身利益最优。用户则根据园区运营商售能价格，在考虑用能舒适性的前提下调整自身负荷需求。在综合能源智能交易中，综合能源供应商的决策目标为利益最大化，而决策变量为功率与价格曲线的截距。综合能源供应商可通过调整多种能源销售策略与其他能源供应商互动博弈，也可以影响到园区运营商的能源购买量。园区运营商的决策目标同样为利益最大化，决策变量为售能价格、购能量。园区运营商也可调整电、热和气销售价格或者制定具有导向性冷热电销售套餐，影响用户优化其用能负荷。用户的决策目标为最小化成本，而决策变量为用能负荷。用户改变自身实际负荷也会反过来影响园区运营商重新调整售能策略，进一步也会影响到综合能源供应商销售策略的调整。该基于供需双侧博弈的综合能源智能交易机制，可能需要经过多次迭代，最终将达到各市场参与方的最优。

（二）综合能源智能交易系统架构

综合能源智能交易系统总体架构如图 6-19 所示，共分为综合能源层、区块链技术支撑层、用户层三个层级。综合能源层主要包括电力网络、油气网络、冷热网络及其附属能源设备。区块链技术支撑层是交易系统核心。区块链承担包括交易数据、供需侧运行数据等各类信息的接收、处理及发送。此外，区块链所具有的智能合约可以在没有第三方干预的情况下进行可信交易，具有自动执行。智能合约是一种防欺诈的协议。综合能源智能交易系统通过调用智能合约实现数据的安全性，降低了交易成本。用户层主要包

括具有分布式发电的园区运营商及普通用户。

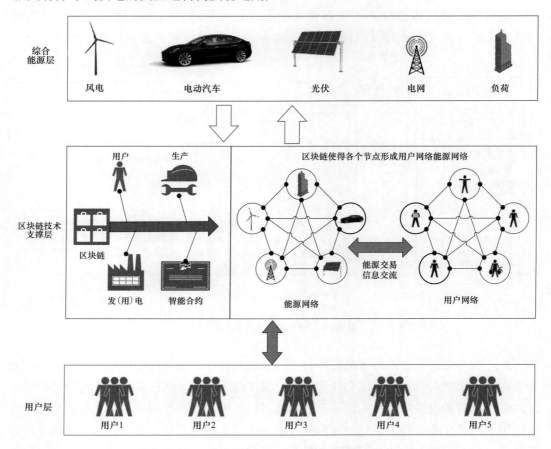

图 6-19 综合能源智能交易系统总体架构

区块链有机会在促进数百万交易方之间的沟通，以及交易和安全方面发挥重要作用。区块链使分散的能源市场能够显著地将支出的平衡转向分布式能源资源的投资，同时还可以为新的市场参与者创造新的潜在再分配能源交易收入。

区块链的分布式特性可以允许分布式能源用户在能源生产和消费本地化中无缝地向附近的消费者销售能源。目前已有公司启用了基于区块链技术的点对点能源销售网络，通过拥有屋顶太阳能的家庭向其他邻居出售电能。随着智能设备、可再生能源及多种能源的接入，现代化综合能源网络已经开始破坏传统各自独立的单一能源网络。特别是当用户寻求多种能源输入或直接参与能源交易决策时，区块链可以进一步加速这些现代化综合能源网络发展。能源用户也可是能源供应商，在能源市场中直接相互交易。

但是不可规避的是区块链仍然面临许多挑战。监管方面，许多国家都制定了禁止非国有公共企业实体销售能源的法律，通过区块链使能源用户直接在能源销售中进行交易将需要发展一个完善的监管系统。技术方面，如今智能能源网基础设施的部署虽然已经

有了很好的基础，但是仍然需要更多的计量设备获取基础数据以促进以区块链为基础的能源交易。用户行为方面，虽然区块链理论上会使交易无缝且自动化，但能源用户传统上并不是能源生产者，这需要用户更深刻地对能源使用进行思考，这种环境下买方和供应商之间的市场动态相对不够透明。安全性方面，区块链具有推动能源网络上数百万笔交易的潜力，虽然能源网上的节点数量非常多意味着风险会更高，但是区块链增强的安全性和交易参与者的能力可能会增强网络的安全性。

第七章　综合能源服务案例

案例一　德国哈茨地区 RegModHarz 综合能源服务项目

一、项目简介

RegModHarz 项目位于德国哈茨山区，包括 2 个光伏电站、2 个风电场、1 个生物质发电站，发电能力 86MW，如图 7-1 所示，生产计划由预测的日前市场和日内盘中市场的电价及备用市场决定。RegModHarz 项目的目标是对分散的风力、太阳能、生物质能等可再生能源发电设备与抽水蓄能水电站进行协调，令可再生能源联合循环利用达到最优。其核心示范内容是在用电侧整合了储能设施、电动汽车、可再生能源和智能家用电器的虚拟电站，包含了诸多更贴近现实生活的能源需求元素。

二、项目方案

（1）建立家庭能源管理系统。家用电器能够"即插即用"到此系统上，系统根据电价决策电器的运行状态，既可以分析用户的负荷，也可以追踪可再生能源的发电量变化，实现负荷和新能源发电的双向互动。

（2）配电网中安装了 10 个电源管理单元，用以监测关键节点的电压和频率等运行指标，定位电网的薄弱环节。

（3）光伏电站、风电场、生物质发电站、电动汽车和储能装置共同构成了虚拟电厂，参与电力市场交易。

三、综合能源服务成效

（1）开发设计了基于 Java 的开源软件平台 OGEMA，对外接的电气设备实行标准化的数据结构和设备服务，可独立于生产商支持建筑自动化和能效管理，能够实现负荷设备在信息传输方面的"即插即用"。

（2）虚拟电厂直接参与电力交易，丰富了配电网系统的调节控制手段，为分布式能源系统参与市场调节提供了参考。

（3）基于哈茨地区的水电和储能设备调节，很好地平抑了风机、光伏等功率输出的波动性和不稳定性，有效论证了对于可再生能源较为丰富的特区，在区域电力市场范围内实现 100% 的清洁能源是完全可能实现的。

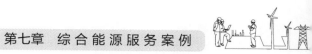

图 7-1 RegModHarz 综合能源服务项目

案例二　丹麦北港新区城市综合能源项目

一、项目简介

丹麦北港新区城市综合能源项目位于丹麦首都哥本哈根市中心，如图 7-2 所示。丹麦能源技术发展部发起并资助了约 2000 万欧元的 EnergyLab Nordhavn 项目，以打造"零碳"的城市综合能源服务典范为目标。EnergyLab Nordhavn 项目打破了能源部门的传统思维方式，将能源供应、建筑和城市有机整合在一起，为智慧用能提供了物理基础。

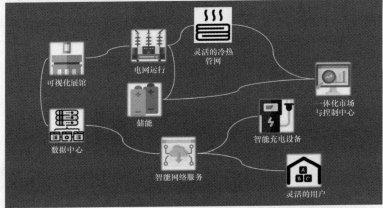

图 7-2　丹麦北港新区城市综合能源项目

二、项目方案

在物理层面，项目涵盖了热电联产机组、储能、燃料电池、光伏、电加热设备和热泵等不同的能源形式，并深度融合，形成了一个灵活互动的供能体系。在业务层面，项目提供了服务导向的灵活性管理和智能控制系统，基于市场的运用概念，可以满足丹麦输电企业、配电公司、热力公司、终端用户等各个层面的不同经济目标和运用目标，从而保证系统能够利用最佳的灵活技术，让各终端在平台上相互竞争。

三、综合能源服务成效

在能源管理系统方面，EnergyLab Nordhavn 项目发展了综合能源管理方式，并灵活性调节，改造智能工艺，使供热平衡，特别是做到了灵活控制高峰载荷。通过针对性的技术和设计运用，系统可以协调不同的用户水平、不同的房屋，对每个房间进行温度控制，做到灵活有序。

案例三　德国 Next Kraftwerk 虚拟电厂项目

德国 Next Kraftwerk 是德国一家大型的虚拟电厂运营商，同时它是欧洲电力交易市场认证的能源交易商，可以参与电力现货市场交易，开展技术服务、电力销售、用户结算等业务，同时也可以为其他能源运营商提供虚拟电厂的运营服务。该公司目前管理了6个国家超过 4000 个分布式发电设备，包括生物质发电站、水电站、热电联产设备、灵活可控负荷、风电场和光伏电站等，总体管理规模达到 270 万 kW。

可再生能源和分布式能源的快速发展，给电力系统带来了难以控制等诸多问题，于是虚拟电厂（VPP）应运而生，通过对大量可再生能源和分布式能源（包括水、风、光、生物质能、储能、电动汽车等可调控用户）的聚合，参与电力市场交易和电网运营，为电网运营提供灵活性。虚拟电厂不是一个软件公司，而是一个数字化的电力供应平台，如图 7-3 所示。

一、核心价值

虚拟电厂的核心价值就是为能源市场和电网运营提供灵活性。Next 公司在德国的虚拟电厂平台有 59% 是灵活性可再生能源（主要是抽水蓄能和生物质能制气发电），24% 是分布式光伏，14% 是风电，还有 3% 是电力需求侧用户，充分体现了其灵活性的配置。在电力市场中单个大型发电设备无法满足突发的负荷变化，但虚拟电厂通过大量分布式的聚合可以逐步接近，来参与调频调峰等辅助服务市场，并可以通过需求侧管理来分享辅助服务市场的收益。

二、商业模式

Next 公司充分利用灵活性的优势获取收益。

（1）通过优化电力交易获利，在市场溢价模式下通过控制分布式能源来优化交易并获利。

（2）通过为电网提供调峰调频等电力辅助服务获利，充分发挥虚拟电厂中生物质能制气发电和水电启动速度快、出力灵活的特点。这是该公司最重要的利润来源。

（3）通过参与短期电力市场交易获利。虚拟电厂获取的收益将平均分配给池子中的发电商，但根据电厂质量会有不同的系数调整。

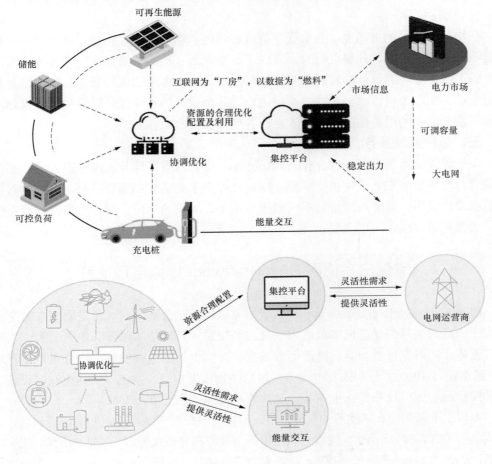

图 7-3　虚拟电厂的电力供应平台

三、主要产品

Next 公司的主要技术产品是 Next Box，它可以把不同的数据、接口、界面整合到一起，建立发电设备与中央控制系统的双向连接，其数据通信通过 SIM 卡建立的 GPRS 连接。Next Box 将采集最准确及时的数据，提供给平台运营和交易决策。

四、组织架构

Next 公司目前员工约 130 人，其中 IT 部门 15 人，电力交易部门（交易员和建模分析工程师）30 人，数据估算部门 30 人，销售部门 20 人，安装工人 15 人，对外合作部门 8 人，其他为管理人员。

案例四　日本新宿综合能源服务项目

随着天然气应用领域的不断深入和综合能源业务的持续发展，2015 年日本东京天然气公司成立了东京天然气工程解决方案公司（TGES），为日本和海外用户对于综合能源业务方面的需求提供一站式的解决方案，其中包括液化天然气终端优化、区域冷热电三

联供及其他能源相关服务。

新宿是日本东京繁华的商业中心，聚集了大量的企业总部和政府行政机关，其在东京的重要性就像外滩在上海的地位。新宿区域冷热联供中心为新宿区内超过 20 栋摩天大楼供冷供暖，其制冷功率超过 207MW，供暖功率超过 173MW，是世界上规模最大的冷热联供中心。系统使用天然气热电联产技术，将产生的蒸汽通过吸收式制冷机组产生冷冻水输送至用户负荷侧，产生的电力供应给东京市政府大楼和新宿公园塔，如图 7-4 所示。作为区域分布式能源供能系统，它为东京市政府大楼的能源可靠性提供了额外保障。

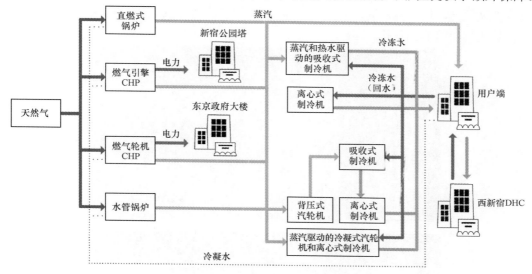

图 7-4 日本新宿综合能源服务示意图

为了提高系统供能可靠性和运营效率，新宿区域冷热联供中心与周边区域的西新宿冷热联供中心分享热量。在保证系统供能可靠性的同时，这一举措每年将减少二氧化碳排放 3000t。

TGES 的工程师们还希望将区域冷热联供与智能能源网络结合起来，创造更为高效的综合能源系统。通过搭建一张信息网络沟通电网、热网，使得多种能源系统协同运转成为可能。同时，未来三年内，东京燃气公司将投资 1400 亿日元用于国内和海外的可再生能源项目开发，致力于将把可再生能源和服务培育为其业绩增长战略的支柱。

案例五 青海省海西州多能互补集成优化示范项目

一、项目简介

海西州多能互补集成优化示范项目位于格尔木东出口，采用虚拟同步机技术，使风电、光电能够主动参与一次调频、调压，对电网提供一定的有功和无功支撑。青海拥有广袤的荒漠化土地和丰富的太阳能资源，发展光伏、风电优势得天独厚。然而，风能、太阳能受天气影响大，随机性强，难以提供连续稳定的电能输出，这成为制约新能源大规模开发利用的瓶颈。海西州多能互补集成优化示范工程的建设将为解决此问题提供一个可行的方案。

项目总投资约 63.7 亿元，其中，32 亿元用于建设 20 万 kW 光伏发电项目，16 亿元用于建设 40 万 kW 风电项目，12 亿元用于建设 5 万 kW 光热发电项目，3.7 亿元用于建设 5 万 kW 蓄电池储能电站。该项目按"统一设计、分步实施、整体集成"原则，对风电、光伏、光热等新能源组合实时柔性控制，实现智能调控，实现地方发电就地消纳园区式示范基地，最大限度减少弃光、弃风，将加快推进海西州多能互补示范基地建设。

二、项目方案

海西州多能互补集成优化示范项目总装机容量 70 万 kW，包括 20 万 kW 光伏项目、40 万 kW 风电项目、5 万 kW 光热发电项目及 5 万千瓦储能系统，规划建设成为国际领先的"风、光、热、蓄、调、荷"于一体的多能互补、智能调度的纯清洁能源综合利用创新基地，如图 7-5 所示。

图 7-5　青海省海西州多能互补集成优化示范项目

5 万 kW 光热项目占地约 4.27km²，采用塔式熔盐太阳能热发电技术，其中新建 1 套聚光集热系统（由 1 座 188m 高吸热塔和 4400 块 138m² 的定日镜组成）、1 套储热和蒸汽发生系统（12h 储热）、1 套高温高压再热纯凝汽轮发电机系统以及其他辅助设施。

5 万 kW 储能项目采用高能量转换效率电池储能模块设计技术、大型储能电站的系统集成技术、动力电池高效低成本梯次利用技术、大型储能电站的功率协调控制与能量管理技术，充分利用光热、电储能和热储能的调节作用，可有效降低系统建设成本和弃风、弃光率，提高供电可靠性。

三、综合能源服务成效

该项目是我国首批多能互补集成优化示范工程中第一个正式开工建设的多能互补科技创新项目，建成后年发电量约 12.625 亿 kWh，每年可节约标准煤约 40.15 万 t，将有效减少燃煤消耗和大气污染。

项目构建"风电、光伏、光热、储电、储热、调度和负荷"优化互补系统，可提升系统运行灵活性，降低出力波动性，实现弃风率小于 5%、对外输电通道容量小于发电容量 40%的目标。

相比传统的新能源项目，该项目采用"新能源+"模式，以光伏、光热、风电为主要开发电源，以光热储能系统、蓄电池储能电站为调节电源，多种电力组合，有效改善了风电和光伏不稳定、不可调的缺陷，彻底解决了用电高峰期和低谷期电力输出不平衡的问题。项目按照统一设计、分步实施、整体集成的路线，对风电、光伏、光热的新能源组合开展实时柔性控制，构建"互联网+"智慧能源系统，实现智能调控，提升系统运行灵活性、降低出力波动性，提升整体效率。

通过构建可接入不同电压等级的移动式即插即用储能电站技术方案，实现储能电站的灵活应用，为大规模电池储能电站统一调度与能量管理技术提供有力支撑。储能项目可为电网运行提供调峰、调频、备用、黑启动、需求响应支撑等多种服务，提升电力系统灵活性、经济性和安全性，通过光热储能、电池储能使风能、光能等新能源的发电特性达到常规能源供应的电能品质，实现削峰填谷功能，友好接入电网。

案例六 上海国际旅游度假区综合能源服务项目

一、项目简介

上海国际旅游度假区核心区天然气分布式能源站项目位于上海浦东新区川沙新镇国际旅游度假区内，由华电新能源发展有限公司和上海申迪（集团）有限公司、上海益流能源（集团）有限公司共同投资建设。该项目负责上海国际旅游度假区核心区"冷、热、电、压缩空气"四联供的分布式能源中心的投资、建设、运营、管理，将为上海迪士尼乐园及周边开发区域提供优质清洁能源。

该项目位于上海国际旅游度假区核心区 H-11 地块，占地面积 19748m²，建筑面积 11650m²，交通便利，飞机、地铁、汽车均可到达。天然气采用上海溢流能源（集团）有限公司供应的管道气，能源站燃气内燃机采用 0.8MPa 管道天然气、燃气锅炉采用

0.4MPa 管道天然气。能源站内生活、生产用水的补给水水源和水消防系统的水源均取自站址附近的度假区市政自来水管网。

项目第一阶段于 2014 年 9 月建成投产试运行，同年 10 月通过竣工验收，并于 2015 年 3 月由基建转入生产运营，同年 5 月为园区提供冷、热、电及压缩空气，如图 7-6 所示。

图 7-6　上海国际旅游度假区天然气分布式能源站

二、项目方案

项目第一阶段发电装机规模为 5×4.4MW 燃气内燃机、项目二期增加装机 3×4.4MW 燃气内燃机、预留远景再扩建 2×4.4MW 燃气内燃机的建设条件，最终规模为 10×4.4MW。

采取以冷、热定电的原则，采用燃气内燃机发电后余温为 300～500℃的烟气及 95℃ 左右的高温缸套水驱动烟气热水型溴化锂机组产生 6.7℃以下的冷水或 87.8℃的热水向园区提供空调用冷热媒水及生活热水。采用水蓄冷装置及冷水机组作为冷负荷调峰设备；采用燃气锅炉带蓄热装置作为热负荷调峰设备；设置 6 台螺杆式空气压缩机和储气罐联动运行设备，以满足迪士尼乐园冷负荷、热负荷及压缩空气负荷的能源需求。在保障迪士尼乐园稳定、可靠的用能需求的前提下，能源站多余电力以 35kV 电压等级接入电网系统。厂内建设一座 35kV 升压站，升压站通过 2 回 35kV 线路接入 220kV 申江站 35kV 侧。

三、综合能源服务成效

作为国际上唯一一个由第三方供能的国际旅游度假区天然气分布式项目，该项目实现了冷、热、电、压缩空气四联供，为迪士尼度假区提供了环保优质的清洁能源。项目投产后，能源站供电、热、冷等均已达到设计值，年供电量约 90GWh，供冷热量约 65 万 GJ。三联供系统热电比约 95%，节能率 29% 以上，达到先进节能标准。项目发电气耗 0.149Nm³/kWh，与同类项项目处于同一水准，综合厂用电率受空气压缩机及调峰电制冷机影响较高，约为 26%。园区能源综合利用效率达 85% 以上，比传统模式提高大约 1 倍；能源站每年可节约标准煤 2 万 t，相当于每年少砍伐木材 4 万 t，减少二氧化碳排放 7.5 万 t。

与上海地区同类型项目相比，该项目上网电价执行上海市燃气分布式标杆上网电

价，电价处于同一水平；项目供冷、热价与上海中博会分布式能源站、上海科技大学分布式能源站相比略低，在目前热、冷价格条件下具有较大竞争优势。

案例七 北京丽泽金融商务区天然气多能互补综合能源服务项目

一、项目简介

北京丽泽金融商务区（简称商务区）是北京市和丰台区重点发展的新兴金融功能区，拥有相对优越的地理区位、便利的交通条件和集中成片可开发利用的土地资源，为首都金融产业的持续发展提供了新的承载空间。商务区规划范围是以丽泽路为主线，东起菜户营桥，西至丽泽桥以西，南起丰草河北路，北至红莲南路，规划总用地面积约 8.09km²。其中，商务核心区西起中心地区建设用地边缘，东至京九铁路，北起规划南马连道路，南至规划金中都北路，总用地面积约 2.81km²。北京丽泽金融商务区天然气多能互补综合能源服务项目实现了集中供冷（热）、分布式冷热电三联供、微电网、污水源热泵、地源热泵、蓄冷蓄热蓄电、综合管廊等多能源互补的先进能源供应方案，如图 7-7 所示。

二、项目方案

项目集中供冷系统主要采用西南热电中心草桥热电厂夏季余热制冷，与电制冷、冰蓄冷相结合，建设复合式区域集中供冷系统。项目新建 4 座能源站，安装 10 台 8MW 溴化锂吸收式冷热水机组，4 台 7MW 离心式冷水机组，22 台 9.5MW 双工况主机及蓄冰设备等配套设施。供热管网工程南北区设置 2 座热力换热首站，敷设管线约 7921m。同时，补充能源包含多个分布式的能源站，包括三联供能源站、地源热泵站、屋顶光伏电站、绿电蓄热站、污水源热泵站等。

三、综合能源服务成效

（1）项目将传统的集中供热与新型的经济节能的集中供冷进行有机结合，应用多项节能技术，将"源、网、站"统筹规划，统筹建设，集中管理，比传统的能源供应更加安全可靠，更加绿色低碳，更加经济节能，符合国家的能源产业政策和建筑节能的要求。该项目是现已建设的全国首例集中供冷、冷热同网项目，可实现综合能源梯级利用，节约地下空间及其他能源耗损，同时使可再生能源利用率提高近 50%。项目建成后，实现二氧化碳减排率（较 2005 年标准）约 45% 以上。

（2）实现供热行业与供电行业的优势整合。突破传统的独立封闭设计，以园区整体"冷、热、电"能源需求与智能调度为出发点，首次建立起微型城市电力与大型集中冷热源网站的良性交互系统。

（3）建立多种能源梯级利用的互补体系。将"冷热同网"与智能微电网系统相结合，建立智慧能源梯级利用控制平台，对多能互补系统实行全生命周期的动态运行监控。

（4）实现系统的设计创新。突破常规设计理念，针对多种可再生能源系统、清洁能源及常规能源建立基于数值模拟、指标经验及编程迭代的设计模型，实现大型泛能系统设计方法的创新。

（5）建立针对多种新型能源的综合交易平台。将政策和市场相结合，对城市集中供

冷、智能微电网、绿电蓄热等新型能源交易模式进行探索，以期获得多能互补能源系统的合理收益。

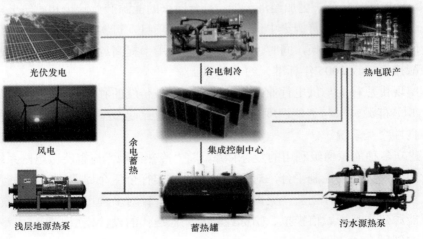

图 7-7　北京丽泽金融商务区天然气多能互补综合能源服务项目

案例八 天津北辰商务中心绿色办公综合能源项目

一、项目简介

北辰商务中心绿色办公综合能源项目是天津唯一的国家级产城融合示范区。作为这一示范工程的主要建筑——北辰商务中心大楼，是北辰经济技术开发区管委会所在地，同时也有部分园区企业进驻。项目利用产业、城镇融合发展带来的负荷多样性，即居民负荷和工商业负荷的互补性，为综合能源供应和灵活调配提供了便利。该项目由国网天津城东供电公司负责规划、设计，利用商务中心屋顶、停车场及相邻湖岸等场地资源，建设了太阳能光伏发电、风力发电、风光储微网、地源热泵、电动汽车充电桩五个系统，以及一个综合能源智慧管控平台。

二、项目方案

该项目主要包括在商务中心屋顶、车棚建设的总容量为 286.2kW 的光伏发电系统；在湖岸建设的 7 台 5kW 风机风力发电系统；1 套容量为 50AH 的磷酸铁锂电池储能单元，以打造风光储一体化系统；含 3 台地源热泵机组的供冷供热系统，以及在大楼两侧的电动汽车充电桩系统，如图 7-8 所示。

图 7-8 天津北辰商务中心绿色办公综合能源项目

项目在上述基础上，搭建综合能源智慧管控平台，统筹商务中心能源生产、储存、配置及利用四个环节的能源监测、控制、调度和分析功能，同时提供发电、供热、制冷、热水等多种服务，促进清洁能源即插即用、友好接入，实现多种能源互联互补、协同调控、优化运行，保障商务中心能源绿色高效利用。

利用综合能源智慧管控平台可以实时监测控制各产能系统的出力，可实现三种形式的能源互动：①储能系统与光伏发电系统互动，利用储能系统来平滑光伏出力；②储能系统与电网互动，实现削峰填谷，利用夜间低谷电蓄能，在白天用电高峰时为商务中心供能，不仅可以转移用电高峰负荷，提高电网运行的经济性，还能通过峰谷电价差为用户节省一笔电费支出；③商务中心温度趋优控制，即利用综合能源智慧管控平台实时监测大楼房间的温度变化，调节地源热泵冷热出力，实现办公环境舒适度和节能降耗的最优平衡。

三、综合能源服务成效

该项目实现了多种能源互联互补、管控平台优化调控，能效比达到 2.38，综合能源利用效率提升 19%，新能源自发自用、储能系统、地源热泵及综合能源管控平台的智能控制成效明显。这种综合能源服务方式可以最大限度接纳风、光、地热等各种类型清洁能源，全年可再生能源的利用率可达 37%，每年可节约能源费用约 120 万元，减少二氧化碳排放约 1776.9t。从经济效益来看，该示范工程共投资约 1000 万元，扣除天津市政府 240 多万元的项目补贴，预计不到 7 年能收回全部投资成本，好于预期。光伏发电系统自 2017 年 5 月 8 日投运，截至 2018 年 6 月底，光伏总发电量 282869kWh，其中上网电量 3360kWh、自发自用电量 279509kWh，总节约费用约 37.16 万元；风力发电系统自 2017 年 9 月 30 日正式投运，截至 2018 年 6 月底，发电量约 69156kWh，节能费用约 6.08 万元；储能系统自 2017 年 5 月 8 日投运，截至 2018 年 6 月底，节能费用约 1.53 万元；地源热泵供热（冷）系统自 2017 年 5 月 8 日投运，截至 2018 年 6 月底，利用地热能为商务中心供冷供热，比传统的供冷、供热运行费用节约 54.56 万元左右。

案例九　上海电力大学临港校区新能源微电网示范项目

一、项目简介

上海电力大学临港校区新能源微电网示范项目由国网节能服务有限公司投资，国网节能设计研究院总包，于 2018 年 4 月开工，同年 9 月 20 日试运行，12 月 18 日通过验收，如图 7-9 所示。项目集成了多目标优化控制、混合储能、大功率光储一体机等先进技术。其智慧能源管控系统结合需求响应和电能质量控制等技术，实现了用电信息自动采集、供电故障快速响应、综合节能管理、智慧办公互动、电动汽车充电服务、新能源接入管理。采用规划、设计、投资、建设、运营全过程的综合能源服务模式，涵盖面广、模式创新，是在先进技术集成化、能源信息融合化、运营管理智慧化等方面深入探索的成果。

图 7-9　上海电力大学临港校区新能源微电网示范项目

二、项目方案

该项目包括 1 套智慧能源管理系统（由智能能源管控系统总平台、智能微网子系统、建筑群能耗监测管理子系统等组成）、装机容量 2061kW 光伏发电系统、300kW 风力发电系统、总容量 500kWh 多类型储能系统、49kW 光电一体化充电站、10 套"太阳能+空气源热泵"热水系统及 5 杆风光互补型智慧路灯。

（1）分布式光伏发电系统。分布于全校区 21 栋建筑屋面及 1 个光电一体化充电站车棚棚顶，总装机容量 2061kW。光伏组件采用单晶、多晶、切半、叠片等多种组件形式，在供应清洁电力的同时，为学校师生免费提供了研究新能源技术的场所。

（2）风力发电系统。采用一台 300kW 水平轴永磁直驱风力发电机组，与光伏发电系统、储能系统组成微电网系统。

（3）储能系统。配置有容量为 100kW×2h 的磷酸铁锂电池、150kW×2h 的铅炭电池和 100kW×10s 的超级电容储能设备，与学校的不间断电源相连，一并接入微网系统。

（4）"太阳能+空气源热泵"热水系统。分布于 10 栋公寓楼屋面，为了提高能效，每栋楼采用空气源热泵及太阳能集热器组合形式，33 台空气源热泵满负荷工作运行，晴

好天气时充分利用太阳能，全天可供应热水 800 余 t，保证全校区 10000 余师生的生活热水使用需求。

（5）智能微网。通过采用光伏、风力等发电及储能技术，智能变压器等智能变配电设备，结合电力需求侧管理和电能质量控制等技术，构建智能微网系统，实现用电信息自动采集、供电故障快速响应、综合节能管理、智慧办公互动、新能源接入管理。在切断外部电源的情况下，微电网内的重要设备可离网运行 1～2h。

（6）智慧能源管控系统。目前，该系统主要监测风电、光伏、储能、"太阳能+空气源热泵"热水系统的运行情况，实现与智能微网、智能热网、校园照明智能控制系统及校园微网系统的信息集成及数据共享，满足学校对新能源发电、园区用电、园区供水等综合能源资源的动态实时监控与管理，通过对数据分析与挖掘，实现各种节能控制系统综合管控，是整个项目的智慧大脑。

三、综合能源服务成效

该项目总投资 3502 万元，由国网节能公司提供 20 年运营。项目中风机的投资回收期最长，热水投资回收期最短。热水收益主要来自热水供应收费；光伏和风电通过收取电费（自发自用+余电上网）；而储能和管控平台不能直接产生经济效益。由于学校为公共事业单位，用能稳定，风险很小，尽管收益率不是很高，但收益稳定，因此具有示范推广意义。

截至 2019 年 6 月底，项目累计供应清洁电力 172 万 kWh（其中光伏发电约 163 万 kWh，风力发电约 9 万 kWh），为师生供应洗浴用水约 10 万 t。该项目承担了临港校区约 20% 的电力供应，同时将智慧能源系统融入师生的学习生活中，通过新能源自主供电和能效管理，学校能耗比同规模校园降低了近 25%，预计年减排二氧化碳 2243t、二氧化硫 67t。

参 考 文 献

［1］ Mittal，S.，Ruth，M.，Pratt，A.，Lunacek，M.，Krishnamurthy，D.，& Jones，W.（2015）. System-of-Systems Approach for Integrated Energy Systems Modeling and Simulation（No. NREL/CP-2C00-64045）. National Renewable Energy Lab.（NREL），Golden，CO（United States）.

［2］ BEIS. Digest of UK Energy Statistics（DUKES）2019，2019.

［3］ Thatcher，Mark. Europe and the reform of national regulatory institutions：a comparison of Britain，France and Germany. Council of European Studies Conference，15 th conference，Chicago，Vol. 29，2006.

［4］ A. Wagner. Set for the 21st century-Germany's new Renewable Energy Law. Renewable Energy World，Vol. 3，No. 2，72-83，2000.

［5］ Asner，D. M.，et al. ILC Higgs white paper. arXiv preprint arXiv：1310.0763（2013）.

［6］ 封红丽. 国内外综合能源服务发展现状及商业模式研究［J］. 电器工业，2017（06）：39-47.

［7］ 贾宏杰，穆云飞，余晓丹. 对我国综合能源系统发展的思考［J］. 电力建设，2015，36（001）：16-25.

［8］ 周伏秋，邓良辰，冯升波，等. 综合能源服务发展前景与趋势［J］. 中国能源，2019，041（001）：4-7，14.

［9］ 应鸿，张扬. 综合能源服务知识体系研究［J］. 浙江电力，2018，（07）：1-4.

［10］ BP. Statistical Review of World Energy［Z］. 2019.

［11］ 国家发展和改革委员会. 天然气发展"十三五"规划［Z］. 2017.

［12］ 孙文. 2018 年全球液化天然气市场回顾与展望［J］. 国际石油经济，2019，27（04）：86-95.

［13］ 王金星. 大型燃煤热电联产系统研究现状和展望［J］. 华北电力大学学报（自然科学版），2019，46（06）：90-98.

［14］ 林汝谋，金灯光. 燃气轮机发电动力装置及应用［J］. 燃气轮机技术，2004，17（4）：69-69.

［15］ 华电电力科学研究院有限公司. 多能互补分布式能源技术［M］. 北京：中国电力出版社，2019.

［16］ 项凌，汪波，刘凤国. 天然气热泵供热过程的经济性分析［J］. 天然气工业，2011，31（7）：94-96.

［17］ 罗运俊. 太阳能利用技术［M］. 北京：化学工业出版社，2005.

［18］ 沈辉，曾祖勤. 太阳能光伏发电技术［M］. 北京：化学工业出版社，2005.

［19］ 黄湘. 太阳能热发电技术［M］. 北京：中国电力出版社，2013.

［20］ 张耀明，邹宁宇. 太阳能热发电技术［M］. 北京：化学工业出版社，2016.

［21］ 龙源电力集团股份有限公司. 风力发电基础理论［M］. 北京：中国电力出版社，2016.

［22］ 姚兴佳，宋俊. 风力发电机组原理与应用［M］. 北京：机械工业出版社，2011.

［23］ 刁瑞盛，徐政，常勇. 几种常见风力发电系统的技术比较［J］. 能源工程，2006（02）：24-29.

［24］ 李大忠. 生物质发电技术与系统［M］. 北京：中国电力出版社，2014.

［25］ 陈冠益，马隆龙，颜蓓蓓，等. 生物质能源技术与理论［M］. 北京：科学出版社，2017.

[26] 张全国. 沼气技术及其应用 [M]. 北京：化学工业出版社，2013.

[27] 石金华，施尚明，山口勉. 20世纪地热利用技术的变迁——地热发电 [J]. 石油石化节能，2001，17（5）：53-54.

[28] 《工程建设与设计》杂志社，马最良，吕悦. 地源热泵系统设计与应用 [M]. 北京：机械工业出版社，2007.

[29] 美国制冷空调工程师协会. 地源热泵工程技术指南 [M]. 徐伟，等译. 北京：中国建筑工业出版社，2001.

[30] 邬小波. 地下含水层储能和地下水源热泵系统中地下水回路与回灌技术现状 [J]. 暖通空调，2004，034（001）：19-22.

[31] 李德英. 供热工程 [M]. 北京：中国建筑工业出版社，2004.

[32] 汪向磊，王文梅，曹和平，等. 蓄冷技术现状及研究进展 [J]. 山西化工，2016，3（1）：34-40.

[33] 任秀宏，杨历，王丽娜. 冰蓄冷空调系统与常规空调系统的经济比较 [J]. 煤气与热力，2006，26（10）：65-66.

[34] 秦渊，陈昕，王华超. 冰蓄冷空调系统在楼宇型分布式能源站的应用 [J]. 煤气与热力，2014，34（5）：A21-A24.

[35] 王丽娜. 蓄冰盘管传热性能研究与冰蓄冷系统经济性分析 [D]. 河北工业大学，2007.

[36] 吴会军，朱东生，李军，等. 蓄热材料的研究进展 [J]. 材料导报，2005，19（8）：96-98.

[37] 柯秀芳，张仁元. 热能储存技术及其在建组供暖的应用 [J]. 电力需求侧管理，2003，8（4）：57-59.

[38] 吴玉庭，任楠，马重芳. 熔融盐显热蓄热技术的研究与应用进展 [J]. 储能科学与技术，2013，2（6）：586-592.

[39] Ramakrishnan S，Wang X，Sanjayan J，et al. Thermal performance of building integrated with phase change materials to reduce heat stress risks during extreme heatwave events〔J〕. Applied Energy，2017，194：410-421.

[40] Ahmed S F，Khalid M，Rashmi W，et al. Recent progress in solar thermal energy storage using nanomaterials [J]. Renewable and Sustainable Energy Review，2017，67：450-460.

[41] Xu B，Li P W，Chan C. Application of phase change materials for thermal energy storage in concentrated solar thermal power plants：A review to recent developments [J]. Appl Energy，2015，160：286-307.

[42] 徐治国，赵长颖，纪育楠，等. 中低温相变蓄热的研究进展 [J]. 储能科学与技术，2014，3（3）：179-190.

[43] 范立群，周利，刘泳，等. 储热材料研究进展 [J]. 枣庄学院学报，2018，35（2）：101-109.

[44] 李爱菊，张仁元，周晓霞. 化学储能材料开发与应用 [J]. 广东工业大学学报，2002，19（1）：81-84.

[45] 谭磊，戴旭东. 分布式抽水蓄能电站的应用探索 [J]. 工业控制计算机，2018，31（8）：151-152.

[46] 徐青山，曾艾东，王凯，等. 基于Hessian内点法的微型能源网日前冷热电联供经济优化调度 [J]. 电网技术，2016（40）：1665.

[47] 景卫哲，刘洋，向月，等. 基于需求侧响应的分布式冷热电联供系统能量管理策略 [J]. 电力建

设，2017，038（012）：68-76.

［48］李明．综合能源系统建模分析与运行优化研究［D］．华南理工大学，2019.

［49］Caliskan H，Hepbasli A．Energy and exergy prices of various energy sources along with their CO_2 equivalents［J］．Energy Policy，2010，38（7）：3468-3481.

［50］喻寿益，邝溯琼，YUShou-yi，等．保留精英遗传算法收敛性和收敛速度的缺方法分析［J］．控制理论与应用，2010，27（7）：843-848.

［51］王伟亮，王丹，贾宏杰，等．能源互联网背景下的典型区域综合能源系统稳态分析研究综述［J］．中国电机工程学报，2016，36（12）：3292-3306.

［52］任泓宇，王主丁，张超，等．高压配电网网格化规划优化模型和方法［J］．电力系统自动化，2019，43（14）：151-161.

［53］马清．高压配电网网架结构优化的分析探讨［J］．电子测试，2019（20）：5-7，13.

［54］刘迪燊．城市高压配电网典型接线形式及其适应性研究［D］．华南理工大学，2013.

［55］安怡然．基于分布式电源大量接入下的智能配电网灵活网架结构研究［D］．上海交通大学，2014.

［56］郜猛．城市热水集中供热管网形式多样化问题的研究［D］．哈尔滨工业大学，2016.

［57］倪颖婷．基于热网互联的电力系统灵活性调度模型［D］．天津大学，2017.

［58］周青．城市集中供热智能化与智能热网的构建研究［D］．山东大学，2015.

［59］余晓丹，徐宪东，陈硕翼，等．综合能源系统与能源互联网简述［J］．电工技术学报，2016，31（01）：1-13.

［60］何宇斌．电—气综合能源系统的随机优化和分布式调度研究［D］．浙江大学，2019.

［61］周贤正．城市综合能源系统配电—气—热网联合规划研究［D］．浙江大学，2019.

［62］王毅，张宁，康重庆．能源互联网中能量枢纽的优化规划与运行研究综述及展望［J］．中国电机工程学报，2015，35（22）：5669-5681.

［63］王伟亮，王丹，贾宏杰，等．考虑天然气网络状态的电力-天然气区域综合能源系统稳态分析［J］．中国电机工程学报，2017，37（05）：1293-1305.

［64］张红涛，徐天奇，杨婕，等．能源互联网中能量路由器的关键技术研究［J］．电工技术，2019（20）：105-107.

［65］郭慧，汪飞，张笠君，等．基于能量路由器的智能型分布式能源网络技术［J］．中国电机工程学报，2016，36（12）：3314-3325.

［66］张超．多端口能量路由器协调控制方法研究［D］．哈尔滨工业大学，2019.

［67］周丹，孙可，郑朝明，等．考虑供热系统热储能特性的电—热综合系统随机优化调度模型研究［J］．可再生能源，2020，38（03）：380-387.

［68］王珺．区域综合能源系统规划及优化运行［D］．东南大学，2017.

［69］姜好．长输天然气管网拓扑可靠性与城市天然气需求概率分布［D］．西南石油大学，2015.

［70］江泽涛．含多能源站的电气热综合能源系统区间运行优化和博弈均衡研究［D］．华南理工大学，2019.

［71］张维桐．综合能源系统经济运行和优化配置研究［D］．山东大学，2019.

［72］郑展，张勇军．电—气—热一体化混合能源系统研究评述与展望［J］．广东电力，2018，31（09）：

98-110.

[73] 钟俊杰，李勇，曾子龙，等. 综合能源系统多能流准稳态分析与计算 [J]. 电力自动化设备，2019，39（08）：22-30.

[74] 郭祚刚，雷金勇，马溪原，等. 大规模综合能源系统电—气—热多能潮流建模与计算方法 [J]. 电力系统及其自动化学报，2019，31（10）：96-102.

[75] 孔川. 天然气区域管网规划设计理论研究 [D]. 重庆大学，2016.

[76] 王伟亮，王丹，贾宏杰，等. 考虑运行约束的区域电力—天然气—热力综合能源系统能量流优化分析 [J]. 中国电机工程学报，2017，37（24）：7108-7120，7425.

[77] 董帅，王成福，徐士杰，等. 计及网络动态特性的电—气—热综合能源系统日前优化调度 [J]. 电力系统自动化，2018，42（13）：12-19.

[78] 陈彬彬，孙宏斌，陈瑜玮，等. 综合能源系统分析的统一能路理论（一）：气路 [J]. 中国电机工程学报，2020，40（02）：436-444.

[79] 陈彬彬，孙宏斌，尹冠雄，等. 综合能源系统分析的统一能路理论（二）：水路与热路 [J]. 中国电机工程学报，2020，40（07）：2133-2142，2393.

[80] 孙宏斌，郭庆来，吴文传，等. 面向能源互联网的多能流综合能量管理系统：设计与应用 [J]. 电力系统自动化，2019，43（12）：122-128，171.

[81] 武志宏，郑永义，杨子成. 关于综合能源服务业务的开展研究 [J]. 山西电力，2018，209（02）：60-63.

[82] 李子申，赵嘉玮，单东雷，等. 燃气分布式能源系统的典型案例分析 [J]. 分布式能源，2019，000（001）：32-37.

[83] 赵亮. 综合能源服务解决方案与案例解析 [M]. 北京：中国电力出版社，2020.

[84] 朱学滨. 透析房屋建筑工程管理中的节能问题 [J]. 城市建设理论研究，2012，000（010）：1-3.

[85] 李娜. 中央空调——从控制方式看节能 [J]. 城市建设理论研究，2012，000（031）：1-3.

[86] 丁晓玲. 自调整量化比例因子模糊控制在中央空调水系统中的应用研究 [D]. 山东大学，2007.

[87] 钱进. 基于模糊控制的中央空调节能管理系统在医院中的应用 [J]. 中国医院建筑与装备，2013（11）：94-96.

[88] 王宏岩. 中央空调节能降耗的途径 [J]. 城市建设理论研究，2012，000（011）：1-7.

[89] 孙廷强. 商业建筑空调节能的途径和方法 [J]. 建筑，2005（7）.

[90] 李景格，张楠，王金珠. 节能浅析——以医院节能为例 [J]. 石家庄职业技术学院学报，2007，19（2）：54-57.

[91] 郑怀江. 工业建筑空调节能技术措施浅谈 [J]. 机械工程师，2007（11）：156-157.

[92] 房晓颖，董绍斌. 浅谈空调系统节能的潜力 [J]. 沿海企业与科技 2006（12）：83-85.

[93] 王庆. 暖通空调设计方案及节能潜力的分析 [J]. 城市建设理论研究，2012，000（023）：1-5.

[94] 汤中彩，方飞龙，沈岑，等. CAEC 技术在有色冶金空压系统的应用 [J]. 工业仪表与自动化装置，2019，000（004）：88-91.

[95] 马彦峰. 企业节能技术分析 [J]. 广东化工，2010（05）：257-258.

[96] 沈颖，屠小斌. 浅谈冷凝燃气锅炉利用的低碳节能 [J]. 科技资讯，2014，000（031）：97-97.

［97］张昊．微电网技术的应用现状和前景分析［J］．中国高新科技，2019（13）．

［98］赵启龙，贺博伟，孟琳．基于储能技术的微电网能源管理系统［J］．储能科学与技术，2018，7（0z1）：108-111．

［99］庄礼瑜．充电桩技术现状及发展趋势探析［J］．福建农机，2018（2）．

［100］贾宏杰，穆云飞，余晓丹．对我国综合能源系统发展的思考［J］．电力建设，2015，36（01）：16-25．

［101］张运洲．我国综合能源服务一体化发展模式研究［J］．中国电力企业管理，2019（13）：37-41．

［102］任洪波，刘家明，吴琼，等．城市能源供需体系与空间结构的耦合解析与模式创新［J］．暖通空调，2018，48（01）：83-90．

［103］刘敦楠，徐尔丰，许小峰．面向园区微网的"源—网—荷—储"一体化运营模式［J］．电网技术，2018，42（03）：681-689．

［104］刘敦楠．能源互联网：能源—信息—经济下的共享演化［N］．中国能源报，2016-6-20（5）．

［105］刘秀如．多能互补集成优化系统分析与展望［J］，节能，2018，9，28-33．

［106］金红光．能的梯级利用及总能系统［J］．科学通报，2017，62（23）：2589-2593．

［107］金红光，隋军，徐聪，等．多能源互补的分布式冷热电联产系统理论与方法研究［J］．中国电机工程学报，2016，36（12）：3150-3160．

［108］程雄耀．智能电网下多电源协同优化调度［D］．华北电力大学，2018．

［109］吕崇帅．含风光水储电源的电力系统优化调度研究［D］．哈尔滨工业大学，2016．

［110］葛晓琳．水火风发电系统多周期联合优化调度模型及方法［D］．华北电力大学，2013．

［111］任岩，郑源，李延频．风—光—抽蓄复合系统的建模与仿真［J］．排灌机械工程学报，2011，29（6）：518-522．

［112］任超．基于遗传算法的无人驾驶汽车路径规划技术研究［D］．天津大学，2015．

［113］Afshar-Nadjafi B，Rahimi A，Karimi H．A genetic algorithm for mode identity and the resource constrained project scheduling problem［J］．Scientia Iranica，2013，20（3）：824-831．

［114］吴志力，杨卫红，原凯，等．园区能源互联网多能源协同优化配置发展构［J］．中国电力，2018，051（008）：99-105．

［115］Mehdi T，Fatemeh S，Mousa M，et al．A Two Stage Hierarchical Control Approach for the Optimal Energy Management in Commercial Building Microgrids Based on Local Wind Power and PEVs［J］．Sustainable Cities & Society，2018，41：332-340．

［116］孙凯华，韩冬，严正，等．气电热联供网络规划与运行联合优化［J］．电力建设，2016，37（04）：26-32．

［117］唐沂媛．冷热电联供/综合能源系统的规划研究［D］．东南大学，2016．

［118］闫占新，刘俊勇，许立雄，等．基于动态能耗模型的微电网经济运行优化［J］．四川大学学报：工程科学版，2014（S2）：140-145．

［119］封红丽．综合能源服务市场开发战略研究与建议［J］．电器工业，2019（07）：33-45．

［120］封红丽．综合能源服务市场竞争主体分析［J］．能源，2019（10）．

［121］吕淼．城市燃气企业开展综合能源服务的分析［J］．煤气与热力，2018，038（012）：B39-B42．

[122] 令文君，雷兵，邓良辰，等．电网企业向综合能源服务公司转型路径探究［J］．中国能源，2019，041（001）：29-32．

[123] 封红丽．国内外综合能源服务发展现状及商业模式研究［J］．电器工业，2017（06）：34-42．

[124] 原凯，李敬如，宋毅，等．区域能源互联网综合评价技术综述与展望［J］．电力系统自动化，2019，43（14）：41-49．

[125] 刘伟，郭志忠．配电网安全性指标的研究［J］．中国电机工程学报，2003，023（008）：85-90．

[126] 李霄．我国电力市场评价指标和方法研究［D］．华北电力大学，2017．

[127] 赵文猛，周保荣，黎小林，等．电力市场综合评估指标体系及评价方法［J］．南方电网技术，2019（8）：76-80．

[128] 刘骏锋．基于实测数据的综合能源系统综合评价［D］．北京交通大学，2019．

[129] 孙向军，王义民．基于熵权法的西安市水资源系统评价研究［J/OL］．中国防汛抗旱，2020（4）：1-6．

[130] 栗国鸿．某社区能源系统的构建及多指标综合评价分析研究［D］．华北电力大学，2019．

[131] 李莹，冯国会，于靓，等．基于灰色关联 TOPSIS 法在建筑能耗评价体系中的应用［J］．建筑节能，2013，41（01）：47-49，61．

[132] 王祎炜，李爱春．基于灰色关联度—TOPSIS 法的装配式建筑施工安全评价［J］．项目管理技术，2019，17（11）：51-56．

[133] 周孝信，曾嵘，高峰，等．能源互联网的发展现状与展望［J］．中国科学：信息科学，2017，047（002）：149-170．

[134] 中国电信．IEEE 1888 通过 ISO/IEC 投票 成为全球首个能源互联网国际标准［J］．电器与能效管理技术，2015（05）：76．

[135] 王宏，闫园，文福拴，等．国内外综合能源系统标准现状与展望［J］．电力科学与技术学报，2019，34（3）：3-12．

[136] 中国电力企业联合会．中国电力标准化年度发展报告［M］．北京：中国建材工业出版社，2019．

[137] 张建华，史佳琪，郑德化，等．微电网运行与控制 IEC 标准进展与分析［J］．电力系统自动化，2018，42（24）：1-14．

[138] 国家标准化管理委员会．全国微电网与分布式电源并网标准化技术委员会获批成立［J］．电器与能效管理技术，2017（2）：83．

[139] 吴鸣．微电网及分布式电源并网标准体系介绍．第五届储能技术在分布式能源与微电网中应用高层研讨会，2017．

[140] 胡娟，许守平，杨水丽，官亦标．电力储能标准体系深化研究［J］．供用电，2020，37（03）：27-33．

[141] 许守平，胡娟，汪奂伶，惠东，侯朝勇．电化学储能技术标准体系研究［J］．智能电网，2016，4（09）：868-874．

[142] 金强，李红军，冯明灿．配电网标准化建设综述［J］．中国科技信息，2017（11）．

[143] 高瑞鑫．我国电动汽车充电设施建设及标准化概览［J］．中国标准导报，2012（10）：22-25．

[144] Zhenming Z，Xiaoyun P．How Will "Strong Artificial Intelligence" Change the World?——Prospects of

the Technological Progress and Application Ethics of Artificial Intelligence [J]. Frontiers, 2016.

[145] Tim M. Superintelligence: Paths, Dangers, Strategies [J]. Philosophical Quarterly, (262): 262.

[146] Buchanan B G. A (Very) Brief History of Artificial Intelligence [J]. Ai Magazine, 2005, 26 (4): 53-60.

[147] 孙宏斌, 潘昭光, 郭庆来. 多能流能量管理研究: 挑战与展望 [J]. 电力系统自动化, 2016, 040 (015): 1-8, 16.

[148] Jaakkola, Hannu, Thalheim, et al. Architecture-Driven Modelling Methodologies. Frontiers in Artificial Intelligence and Applications.

[149] Azan W, Bolidum S. Big data et architecture [C] // AIM. 2013.

[150] 张联梅, 王和平. 软件中间件技术现状及发展 [J]. 信息通信, 2018, 000 (005): 183-184.

[151] 杨挺, 赵黎媛, 王成山. 人工智能在电力系统及综合能源系统中的应用综述 [J]. 电力系统自动化, 2019, 43 (01): 8-20.

[152] 燕洁, 史天祥, 武恒新, 等. 人工智能及其在电力系统中的应用 [J]. 山东工业技术, 2016, 000 (002): 135.

[153] 阳锐, 刘娜, 李俊珠, 等. 泛在电力物联网大数据平台架构及应用探讨 [J]. 邮电设计技术, 2019 (9).

[154] 王国成. 从 3V 到 5V: 大数据助推经济行为的深化研究 [J]. 天津社会科学, 2017, 000 (002): 94-99.

[155] Mata J, De Miguel I, Duran R J, et al. Artificial intelligence (AI) methods in optical networks: A comprehensive survey [J]. Optical Switching and Networking, 2018, 28 (APR.): 43-57.

[156] 肖徐兵, 徐玮. 基于机器学习的综合能源运维管控研究 [J]. 自动化应用, 2019 (7).

[157] 王瑞琪. 分布式发电与微网系统多目标优化设计与协调控制研究 [D]. 山东大学, 2013.

[158] Fellow, IEEE, Wang L, et al. Multicriteria Design of Hybrid Power Generation Systems Based on a Modified Particle Swarm Optimization Algorithm [J]. IEEE Transactions on Energy Conversion, 2009, 24 (1): 163-172.

[159] 张建文. 区块链在综合能源系统的应用前景及实践 [J]. 云南电力技术, 2018, 046 (006): 1-6, 11.

[160] James Schneider, et al. Blockchain Putting Theory into Practice [R]. Goldman Sachs Global Investment Research, 2016.

[161] Ashton, Kevin. That 'Internet of Things' Thing. RFiD Journal, 2009 (22): 97-114.

[162] 张丹, 沙志成, 赵龙. 综合智慧能源管理系统架构分析与研究 [J]. 中外能源, 2017, 22 (04): 7-12.

[163] 孙宏斌, 郭庆来, 吴文传, 等. 面向能源互联网的多能流综合能量管理系统: 设计与应用 [J]. 电力系统自动化, 2019, 43 (12): 122-128, 171.

[164] 闫龙川, 白东霞, 刘万涛, 等. 人工智能技术在云计算数据中心能量管理中的应用与展望 [J]. 中国电机工程学报, 2019, 39 (01): 31-42, 318.

[165] 史训涛, 雷金勇, 黄安迪, 等. 基于离线优化和在线决策的光伏智能楼宇能量管理算法 [J]. 中

161

国电力，2019，52（10）：123-131.

[166] 黄宏聪，齐鹏飞，郑青松. 基于物联网的智能楼宇综合管理系统架构设计［J］. 智能建筑与智慧城市，2018（12）：89-91，96.

[167] 胡鹏，艾欣，杨昭，等. 考虑电能共享的综合能源楼宇群日前协同优化调度［J］. 电力自动化设备，2019，39（08）：239-245.

[168] 张建文. 区块链在综合能源系统的应用前景及实践［J］. 云南电力技术，2018，46（06）：15-19，24.

[169] 向恩民，高红均，刘畅，等. 基于供需双侧博弈互动的园区多能运营商能源交易优化决策［J/OL］. 中国电机工程学报：1-13［2020-07-10］. https：//doi.org/10.13334/j.0258-8013.pcsee.191954.

[170] 韩冬，张程正浩，孙伟卿，等. 基于智能合约的分布式能源交易体系架构研究［C］// 中国电机工程学会电力市场专业委员会 2018 年学术年会暨全国电力交易机构联盟论坛论文集，2018.